朝日新書
Asahi Shinsho 611

できる人の「京都」術

柏井　壽

朝日新聞出版

はじめに

京都を旅しようとして、多くの場合、つい欲張ってしまう。

あそこに行かねば、あれも見ておかねば、あそこで食べねば、といくつもを詰めこみすぎ、結果疲れ果てて帰途につくことになる。

京都という街には、たくさんの見どころがある。それらを駆け足で巡ったとしても足跡が残るだけで、心の奥底には何も残らない。

ひとつかふたつの目的を組み込んだ、大まかなプランを練り、そこさえ訪ねることができればいい。あとは京都に来てから。

目的地の周囲を歩き回って、あるいは移動の途中で気になったところやモノをつぶさに見る。そうすれば、ガイドブックにはない、自分だけの旅ができあがる。

寄り道できるゆとりを作っておくことが、京都旅では最も重要なことだ。

しばしば、名の知れた名所旧跡の近くには、隠れた寺社やスポットが潜んでいるのだが、駆け足だとそれらに気づくことなく素通りしてしまう。なんともったいないことか。

あるいは、気になることがありながら、次を急ぐあまり、その気がかりを置き去りにしてしまう。少しばかり寄り道をすれば、腑に落ちたはずなのに。あとから悔いても遅い。

写真撮影もしかり。最近はSNSに投稿しようとしてか、写真ばかり撮って、目で見ることをおろそかにしている旅人が目立つ。自撮り棒なるものを使って、名所をバックにする自分の姿を撮ることに夢中になるのは、その典型だ。

人に知らせたいという気持ちもわからぬでもないが、まずは自分の目にしっかりと焼きつけることが大切。

駒札なども写真を撮る前に、じっくりと読む。そこには必ずといっていいほど、ガイドブックには記されていない物語が書かれている。

なるほど、そういうことだったのか。

納得して旅を続ける。

もしくは気にかかることが書かれているかもしれない。人名、地名などから、次の場所へと誘うような記述があったりする。さすれば素直にそれに従えばいい。

旅の途上で見つけたものや場所は、深く胸に刻まれ、記憶に残るし、何より愉《たの》しいではないか。

〈できる〉人の京都旅。

その要諦は愉しむことにある。

そして愉しむためには、伸びやかな京都旅でなければならない。

好奇心を満たすゆとり、遊び、があってこそ、京都旅を心底愉しめる。

六十五年近く京都に住み、あちこち歩き回って見つけたあれこれをご紹介しよう。

できる人の「京都」術　目次

第三章 〈できる〉人はこんな店で食べる 101

※本書に掲載している神社やお寺、お店などの情報は2017年3月現在のものです。

図版作成・谷口正孝

第一章

〈できる〉人はなぜ京都が好きなのか

今も昔も〈できる〉人は京都が好き

過去の為政者《いせいしゃ》がそうであったように、京の都は成功の象徴とされてきた。時々の天皇、権勢を誇った僧侶、覇権を競い合った三人の天下人。誰もが京を目指し、手中におさめようとしてきた。

それは今の時代になっても変わることなく続き、成功をおさめた人、巨万の富を得た人々は、その多くが京都に憧れ、それが高《こう》じて住まいを持つまでに至ることも、決して珍しいことではない。京都に住まうこと、別邸を持つことは、今も昔も成功者の証であり、つまり、〈できる〉人たちは皆、京都が好きなのである。

そしてそれは、既に功成り名を遂げた人だけでなく、これからの成功を目指す人たちにとっても同じ。

たとえば小説ひとつとっても、過去も今も京都を舞台にした小説は数知れず。だけでなく、文学賞受賞作品にも京都を描いたものはいくらもあり、その売れ行きもまた、他の地域を描いたものと比べればその差は歴然。

豊臣秀吉が建立した織田信長の菩提寺「総見院」

「二条城」は、徳川家康が関ケ原の戦い後に築いた城

そこに着目した文学青年や少女は、まず京都の大学に入り、京都になじむことから始める。学生生活の中で、小説のネタを探し出し、見つかったなら卒業後も京都に住み着き、小説を書く。こうしてできあがった本は書店に並び、これもまた京都本の一種として扱われ、それらの中には大ヒット作となり、爆発的に売れることも稀《まれ》ではない。
作家として、京都を描けるというのは一流のしるしである。それをいち早く証明してみせたのは川端康成《やすなり》である。『雪国』『千羽鶴』と共に、『古都』がノーベル文学賞の対象作品となったことは知られた話であり、もしも『古都』がなければその名誉は与えられなかったのではないかと言われている。海外の選考委員にとって、エキゾチックな日本の、古都京都で繰り広げられる、透き通った恋物語は新鮮な感動だったに違いない。

こうした文化や歴史が宝石箱のようにぎっしり詰まっているのが京都であり、それを理解しているからこそ、〈できる〉人は京都が好きで、その宝石箱を覗《のぞ》きにしばしば京都を訪れるのである。

宝石箱の中には高貴なものもあれば、神秘に満ちたものもある。輝くほどに美しいものがたくさんある一方で、哀しみを湛《たた》えたものも決して少なくない。それらのひとつひとつが、〈できる〉人の知的好奇心をそそる。

なぜ今も輝き続けているのか。それとは対照的に色あせてしまったものはどんな歴史的経過をたどったのか。宝石箱を一度や二度覗いたくらいでは、その答えは見いだせない。繰り返し訪れ、違った角度から見てみることで、ようやく少しは理解できるようになる。〈できる〉人は、京都のこの高いハードルに挑むことを愉しんでいるのだ。

そして宝石箱は、ときにオモチャ箱にもなり、〈できる〉人を芯から癒してくれる。おおむね〈できる〉人は多忙を極めている。日々の仕事に追われ、疲労とストレスを蓄積している。そんな日常とかけ離れ、非日常の時間を過ごすことで癒しのひとときを得るに、京都ほど適した地はほかにない。

足利尊氏が後醍醐天皇の菩提を弔うため開いた「天龍寺」

オモチャ箱をひっくり返し、無心になってたわむれたころに戻る。時計の針を逆に回し、懐かしさを思いきり胸に吸い込むことで癒される。

もしくは仏像、庭園鑑賞、禅体験などによって、無心、無我の境地を得ることなども、癒しの典型例であり、そのひとときで得たものを、ビジネスの武器として応用することも多いと聞く。

〈できる〉人はしばし癒されてのち、また日常の場に戻って戦う力が京都で得られることを知っている。

しかしながら、そこから先にも大事なことがある。いかにして京都という街で、〈できる〉人としてふるまえるかどうかというハードルだ。

京都は好きだけど、京都人は苦手

長い京都の歴史の中では、天下をおさめた武将、巨万の富を築いた富豪などいくらもいたわけで、他の街ならともかくも、多少のことでは、京都で相手にされない。

どんなにお金を使おうが、どれほど人気割《かっ》烹《ぽう》に通い詰めたとしても、そう易々と京都で認められることにはならない。

ガイドブックを読み漁《あさ》り、あらゆる伝手《つて》を頼っても、所詮《しょせん》それは三蔵法師の手のひらで動き回る孫悟空と同じ。

新選組も通ったという花街・嶋原

そうした、相手にされない、認められずに失敗した、といった苦い経験があるからだろうか。――京都を嫌いだ――という本がとてもよく売れた。売れたということは共感する読者が多かったということで、つまりは京都で苦い経験をした方がたくさんおられるという証左だろう。それが京都を嫌うことにつながる。

すなわち京都を嫌う人がいたとしても、その対象は京都という場所ではなく、京都に住まう人を対象としているのだ。

――京都という地は好きだけど、京都人は苦手――

よく聞く声だ。なぜそうなるのか。

京都のことが好きだと言って、何度も京都を訪れているのに、いつも片想いのようなモヤモヤした気持ちにさせられる。なんとかして両想いになるようさまざまにチャレンジするが、願いが叶うことはない。それは京都人がイケズだからだ。そんな結論に至ってしまう人が多いからこそ、京都を嫌いだという本がヒットしたのだ。

京都という土地が嫌いなのではなく、京都に住んでいる人、とりわけ洛中のコアな京都人が苦手。それはとりもなおさず、イケズだから。

だが、本当に京都人はイケズなのだろうか。

僕も子どものころに苦い経験をした。

京都の家では、雛《ひな》祭りや端午《たんご》の節句に友人を招くことがよくある。小学校五年生の春、女の子の家に招かれた僕は当時流行《はや》っていたケーキを手土産にした。

帰り際、母親が僕にたずねた。

——持ってきてくれたケーキやけどなぁ、お母さんが選ばはったんか？——

——いえ、僕が選びました。今流行っているし——

僕が自慢げに答えると、母親はこう続けた。

——せやろなぁ。お母さんが選ばはるわけないなぁ。帰ったらお母さんにちゃんと言うときや。こんなケーキを持っていったら、おばちゃんがほめてくれはった、て——

素直な少年は意気揚々と帰宅し、母が不在だったため祖母にすぐさま報告すると、思いもかけない反応が返ってきた。

——ようそんな恥ずかしいことしてくれたな。雛祭りには和菓子て決まってるやないの。

向こうのお母さんはほめてはるんやない。いさめてはるんや。お菓子を持っていきや、て言うたやろ。お菓子いうたら和菓子に決まってるがな——

そんな祖母の小言を聞きながら、京都はなんと面倒くさいところだろうと思った。いさめるなら、その場でいさめてくれればいいではないか。嫌みったらしい言い方をしなくても、そこで教えてくれればいいのに。

子どものころの苦い経験はしかし、長じるにつれ、その意味を深く理解するに至る。先方の母親は、みんなの前で赤恥をかかせることなく、子どもに物事の本質を教える。そんな気配りだったのだ。

直截的《ちょくせつてき》な物言いは、ときとして相手に恥をかかせ、空気をとがらせる。それを避けるための方便を理解することも、〈できる〉人には大切なのである。

それほどに京都人は一筋縄ではいかないのだが、さらにほかの要素も絡んでいるから難しい。

京都ホテルオークラ横にある桂小五郎の像

京都はムラ社会である

京都を嫌いだと断じた本の最大の功績は、京都がムラ社会だということを明らかにしたことだろう。

誰もが薄々気づきながらも、明らかにされることがなかったのは、まさに京都がムラ社会だからである。ムラ社会における最大のタブー、それはそこがムラ社会だということを白日の下にさらすこと。

京都は由緒正しき都市でなければならぬ。貴族や公家のものでもなければ、ましてや武家の力によっておさめられるものでもない。広く町衆の意向も踏まえ、万人が平等の立場で暮らす街。桓武《かんむ》天皇が都を定めてから、明治になってその形を失っても、京都は特定の人だけが幅を利かせる街ではない。そう思われてきたが、それはあくまで建前であり、実は典型的なムラ社会だということを、見事に暴き出したのである。

なんともやっかいな京都の街。ここで〈できる〉人としてふるまうのに、必ず覚えておきたいことがある。それは、京都という街はすべてムラ社会だということ。これを頭の隅にでも置いておけば、さまざまが腑に落ち、対処しやすくなる。

しかしながら、僕はムラという言葉を否定的に使っているのではない。もちろん下に見ているのでもない。むしろ、旧きよき共同体としての価値を見いだしているのだ。世界でも類を見ない高貴さを持ち、最もハードルが高いムラ。

そして村に長がいるように、ムラにはドンがいる。

文化人ムラは言うに及ばず、仏教ムラ、神社ムラ、京料理ムラなどなど、京都にはいくつものムラがあり、それぞれにドンがいて、その意向に沿って京都ムラが形成されているのだ。そのひとつに鉾町《ほこまち》がある。言うなれば鉾町ムラ。それを洛中《らくちゅう》という言葉に置き換えて中華思想と結びつけたのは件《くだん》の著書。

嵯峨にある竹林の小径

そもそも洛中洛外という概念は、時代によって大きく異なり、明確な定めなどないのも同然で、近代の都人はそれを意識して暮らすこともなければ、それによって差別しようなどとは夢にも思っていない。著者が揶揄《やゆ》されたという嵯峨《さが》とて、かつて嵯峨天皇が庵を結び、嵯峨御所と呼ばれたほど高貴な場所だったのだから。

京都で出会うさまざまな壁。その多くはムラ社会ゆえのこと。たとえば花街にあるお茶屋さんの〈一見さんおことわり〉というシステムなどはその典型。

――お茶屋てなもんは、ムラの仲間内であんじょうやってたんやさかい――

ということなのだ。

どうすればお茶屋遊びができるのか、という問いかけを頂くことが多い。京都がムラだとわかれば、その答えを導くのはさほど難しいことではない。

花街のお茶屋という場所は、京都ムラの中でも特別大切な寄合所なのであって、そこに入り込むにはムラの一員になるか、もしくはムラ人と強いコネクションを持つしかない。

お茶屋では現金はもちろん、クレジットカードなどは要らない。飲食代、舞妓芸妓の花代、タクシー代、おみやげに至るまですべてお茶屋が立て替え払いしてくれる。それはしかし、ムラの一員という信用があればこそ、であって、どんな大富豪でも見も知らぬ外の人を信用できようはずもない。

そして、ここで言うムラは地理的な要素を指してはいない。したがって洛中の真ん中に建つ高級マンションを所有しているからといって、ムラの一員にはなれない。

八朔の日、芸舞妓たちのあいさつまわりの風景（2008年8月1日撮影／朝日新聞社）

〈できる〉人にはぜひとも知っておいてほしいこと。

好きが高じたとて京都の一等地に建つマンションを買いあされば、結果としてそれが京都を壊すことにつながってしまう。維持費や式年遷宮の費用を捻出できない神社が、境内を切り売りして高級マンションを建てるのも、需要があるからだ。高く売れるからだ。

京都ムラの住人は絶対にこんなマンションを買わない。それが景観を破壊し、結果として京都の価値を下げるだろうことを先刻承知だからだ。資金力にものを言わせて、自分だけがいい思いをしようと考えることが、どれほど下品な振る舞いかを知っているからだ。
近江で生まれた祖父が京都に移り住んでから、まだ百年ほどしか経っていない。僕の家などはムラの一員とはまだ認めてもらえないだろう。千二百年以上もの歴史を持つ京都ムラにおいては、百年くらいはまだ新参者に過ぎないのだ。

歴史を思い、本質を知る

あるいは、あいまいな物言いに終始する京都人の言葉もまた、旅人には厄介なハードルに映り、疎まれる一因となっているに違いない。しかしこれもまた、京都というムラが重ねてきた歴史を振り返れば、やむを得ないことなのだと気づく。

——白にも見えるけど、黒にも見えんことないなぁ——

はっきり白黒をつけることを好まないのは京都人の常。それは長い都の歴史の中で、絶えず戦が交わされていたからである。いつも戦いの場となってきた京都では、昨日の敵は今日の友、などは当たり前のことで、もちろんその逆になることもしばしばだった。オセロゲームのように、あっという間に形勢が逆転するのも珍しいことではなく、したがって旗色を鮮明にすることは大きな賭けになる。

西陣にある山名宗全の邸宅跡。「西陣」の地名の由来はP.51参照

敵とも味方ともつかないような態度に終始することで、身の安全をはかってきたのが京都人。そうして千二百年をやり過ごしてきたDNAは一朝一夕に変わるものではない。京都ムラでは言葉をあいまいにすることが長く求められてきた。

――よろしいなぁ――

典型的な京都ムラの言葉だ。

〈どっちでも〉よろしい、という意味でも使うが、嫌みっぽい気持ちを込める場合もある。心底うらやましがっているときも、まったく良いとは思っていないときも、小馬鹿にするときも、みんな

京都御苑で咲き誇る近衛邸跡の糸桜

――よろしいなぁ――

そう言った人の真意をはかり、対応しなければ、京都ムラで〈できる〉人になれない。

現地の外国語を習得してから海外旅行へ行くのと同じ。京都ムラを訪ねるなら、京言葉を少々学んでからにしたい。

京都は雅《みやび》な空気を漂わせる古都であるとともに、鄙《ひな》の空気をもはらむムラなのである。そこに気づき、京言葉を的確にヒアリングし、ムラの中でうまく折り合いをつけられれば、京都で〈できる〉人として見られるのだ。

都人からも、共に旅をする連れ合いからも、〈できる〉人と思われるためには、いくつかのポイント

京都御所を空から（2015年６月撮影／朝日新聞社）

があり、次章からは、それをご紹介する。
京都旅を構成する主な要素は三つ。観ること、食べること、泊まること。これらの三つの要素をどう愉しむか。そのツボを的確におさえれば、おのずと〈できる〉人の京都旅になる。その本当に知っておいてほしいツボだけを最後の五章に紹介する。
〈できる〉人は、どんな京都旅をしているのか。どうすれば、〈できる〉人と京都で認められるのか。それは存外奥深く、京都の本質を知るための最良の方策でもある。

――またそんなこと言うて、中華思想を広めとる――

京都ぎらいの方からはそう揶揄《やゆ》されそうだが。

■第一章に出てくる名所旧跡■

【二条城】 地図〔P.247、250上図〕
住所：京都市中京区二条通堀川西入二条城町541
電話：075-841-0096
開城時間：8:45〜16:00（※休城日あり。要確認）　拝観料：600円

【総見院（大徳寺内）】 地図〔P.247〕
住所：京都市北区紫野大徳寺町
拝観時間：非公開（※特別公開あり）

【天龍寺】 地図〔P.247、252下図〕
住所：京都市右京区嵯峨天龍寺芒ノ馬場町68
電話：075-881-1235
拝観時間：8:30〜17:30（10/21〜3/20までは〜17:00）
拝観料：庭園500円、諸堂参拝300円追加

【嶋原大門】 地図〔P.247〕
住所：京都市下京区西新屋敷町

【桂小五郎像（京都ホテルオークラ横）】 地図〔P.252上図〕
住所：京都市中京区河原町御池　京都ホテルオークラ横

【嵯峨・竹林の小径】 地図〔P.252下図〕

【山名宗全邸宅跡】 地図〔P.251〕
住所：上京区堀川上立売下ル西入山名町

【京都御苑】 地図〔P.246、250上図、251、252上図〕
住所：京都市上京区京都御苑３
電話：075-211-6348
拝観時間：苑内自由

第二章

〈できる〉人は京都をこう歩く

一・おすすめはカップリング歩き

京都を訪れて、どこを観るか。どう歩くか。これもまた〈できる〉人と、そうでない人の差は明らかとなる。

〈できる〉人は、ちゃんとツボを押さえ、無駄に時間を使うことなく、京都旅を満喫している。その一方で……

――あまりにも名所旧跡が多すぎて、どこをどう観て歩けばいいのか。とりあえず気になる名所を手当たりしだい、順にたどっているのですが――

よく聞く声だ。新幹線の中でガイドブックをパラパラめくり、目についた寺や神社をチェックし、京都駅に着いたらすぐにそこへ向かう。お目当ての景色の写真を撮ったら、次は人気の観光地へ急いで移動。おおかたの京都観光はそんなふうだ。

――あっちの名所へ行き、次にこっちの名所を訪ね、その移動だけでも疲れてしまう。結果、駆け足観光になってしまって、何を観たのか、記憶に残らないこともしばしば。京都にくるといつもそんな感じですね――

そんな方におすすめしているのが、カップリング歩き。

あらかじめ調べておいた名所の中で、二か所に絞り込み、それを順に観て歩く。寺と寺。神社と寺。なんでもいいのだが、第一のポイントは二か所の距離が遠く離れていないこと。できれば歩いて移動できるのが望ましい。第二のポイントは二か所に共通の、もしくは関連するストーリーがあること。

この二か所を半日かけて観て歩くのがベスト。つまり午前中に二か所、午後に二か所を回って、一日で四か所の名所旧跡などを観光するというメソッド。僕はこれをカップリング歩きと名付け、京都を訪れる友人知人にすすめている。やみくもに数か所を駆け足で巡るより、はるかにゆったりしていて、かつ記憶に残る。

サンプルをいくつかご紹介する。ふたつのスポットの組み合わせ。その合間にランチ、となれば次章でご紹介する店から選べばいい。こうして京都旅の一日ができあがる。

以下にご紹介するのは、ほんの一例である。こんなふうにして、ふたつの寺社や観光スポットをカップリングすればいい。実例その①の起点はJR京都駅とした。

①「六孫王神社《ろくそんのう》」と「東寺《とうじ》」

JR京都駅の八条口から歩いてたどれるふたつの社寺。知られざる神社と、誰もが知る寺を観て歩く。

新装なった八条口を出て右、つまり西に向かって八条通を歩く。新幹線を見上げながら、油小路《あぶらのこうじ》、大宮通を越え、壬生《みぶ》通と交わる西北角に建つのが「六孫王神社」。観光名所ではないが、清和源氏《せいわげんじ》発祥の宮という、歴史上重要な位置にある神社。

清和天皇の血を引くことから清和源氏と呼ばれる源氏。源《みなもと》という姓を名乗るようになったのは清和天皇の孫にあたる経基《つねもと》からで、以後、鎌倉時代を中心として隆盛を誇った。住まいでもあった地に経基が祀《まつ》られている、この「六孫王神社」が出発点となったといっても過言ではない。

六孫王という社名は、経基が清和天皇の六番目の皇子、貞純《さだずみ》親王の長男だったことに由

「六孫王神社」の境内。反橋の向こうに見えるのが「誕生水弁財天社」

来し、経基も六孫王経基と呼ばれていた。

応和《おうわ》三（九六三）年、経基の子である満仲《みつなか》が霊廟《れいびょう》を建て、六《ろく》の宮権現《みやごんげん》と称したのが始まりとされるから、千年を超える歴史を持つ神社だ。

それほど広い境内ではないが、小さな池があり、そこに架かる石の反橋《そりはし》が往時の雰囲気を漂わせている。牡丹《ぼたん》の花をこよなく愛した経基にちなみ、社紋は牡丹。春には桜が咲き乱れ、花見の隠れた名所でもある。

この社のすぐ南にあるのが「東寺」。京都のシンボルともいえる五重塔は、あまりにも有名だが、その「東寺」と「六孫王神社」を結ぶものが、池の端に建つ〈誕生　水弁財天社《たんじょうすいべんざいてんしゃ》〉に祀られている。

満仲誕生の折、経基は琵琶湖の竹生島《ちくぶじま》から勧請《かんじょう》した弁財天を祀《まつ》り、安産を祈願し、産湯に使ったことから〈誕生水弁財天社〉と呼ばれるに至った。その竹生島に請来《しょうらい》し、社に祀った弁財天像は弘法大師の作だと言われている。「教王護国寺《きょうおうごこくじ》」を正式名称とする「東寺」は、嵯峨天皇が弘法大師に下賜《かし》して託した寺院。

偶然とはいえ、こうした縁で結ばれるふたつの社寺をカップリングするのも、〈できる〉人の為《な》すべき歩き方。

さて次なる「東寺」への移動はわずか数百メートル。八条通を少し東に戻り、重要文化財に指定されている〈北総門〉から入る。

門を潜ってすぐ、右側に洛南《らくなん》高校、左側には塔頭《たっちゅう》があり、その間の通りを櫛笥小路《くしげこうじ》という。多くが通り過ぎてしまう、ただの道路だが、実はこの道は希少な通りなのである。

この小路は平安時代に作られた時の道幅が、今もそのまま残されている貴重な遺構。平安の都といいながら、今の京都にその姿をとどめているところはほとんどない。

ここ「東寺」は平安京の遺構を残す、京都で唯一といっていい寺院であることは存外知られておらず、まずはこの櫛笥小路を歩き、平安のころに思いを馳せながら〈北大門〉を潜る。

広い境内には多くの伽藍《がらん》や堂宇《どうう》が点在し、それぞれに見どころがある。ただ、「東寺」に限ったことではないが、行く前にあまり多くの予備知識を詰め込んでしまうと、実際に目の当たりにしたときの感動が薄れてしまう。ガイドブックを読んで、気になったものだけを頭にピックアップしておき、現地でそれを探す、という歩き方が一番愉しい。

「東寺」を訪れて〈五重塔〉を見上げ、主な伽藍だけを観て回るだけでは〈できる〉人と呼ばれない。上下左右を隈なく見て歩くと思いがけないものに出会える。

たとえば柳。〈北大門〉を潜って左、すなわち東のほうに歩くと、〈宝蔵〉を囲むようにして堀が作られている。水辺に植わる柳の向こうに〈五重塔〉が見え、そちらに目を奪われてしまいがちだが、実はこの柳。花札に出てくるほど有名な柳。

石にしがみつく石蛙

何度も何度も柳の枝に飛びつこうとする蛙《かえる》の姿を、自らに重ねる小野道風《おののとうふう》は、不器用を絵に描いたような人物だったといい、傘をさした道風がじっと見ていた蛙は、この柳の木の下にいた。「東寺」ではそんな情景まで思い浮かべることができる。

ちなみに堀の中ほどに小さな島状に浮き出た石があり、よく見るとそこには三匹の石蛙がしがみついている。ガイドブックには載っていない、こうした遊び心を見つけると愉しい。

そんな具合に「東寺」で見つけてほしいものは、あとふたつばかり。〈夜叉神《やしゃがみ》〉と〈三面大黒天〉。詳しくはここに記さない。歩いて見つけて愉しんでもらいたい。

②「東本願寺《ひがしほんがんじ》」と「西本願寺《にしほんがんじ》」

JR京都駅を起点とするカップリングをもうひとつ。

東海道新幹線は八条口に、在来線は中央口に門戸を開いていて、南の八条口からは先述の「東寺」、北の中央口からは「東本願寺」へとたどれる。どちらも歩いて十分ほど。京都はなんて贅沢な街なのだろう。これほど身近に世界遺産があるとは。

そう思いながら「東本願寺」を訪ねて、意外なことにここが世界遺産でないことに気づく。なぜ西本願寺だけが世界遺産に登録されたのか。さらには、東と西に分かれた本願寺は何ゆえのことか。

そんな謎を解くために歩くのも愉しい。

中央口を出て烏丸通《からすまどおり》を北へ向かって歩く。七条通を渡るとそこはもう「東本願寺」。

いい。

〈阿弥陀堂門《あみだどうもん》〉がまず目につき、その北側には〈御影堂門《ごえいどうもん》〉があり、どちらから入っても

と、その前に後ろを振り返ってみてほしい。少し不思議な光景であることに気づくはずだ。七条通から北へ、烏丸通が緩やかなカーブを描き、東に迂回《うかい》している。まるで「東本願寺」を避けるようにしているのはなぜか。こういうことを疑問に感じることが、京都歩きではとても大事なこと。

かつて京都の街には〈市電〉と呼ばれた路面電車が走っていて、烏丸通はその中心となる路線。「東本願寺」の門前が混雑するのを避けるために、線路を迂回させた、その名残なのである。つまりはそれほど多くの参拝客が押し寄せる寺だということに加えて、線路を曲げさせるほどの力を持つ寺院だという証。

「東本願寺」は非公開の部分が少なくなく、

南北にまっすぐ通せなかった京都市電の東本願寺前（1959年12月撮影／朝日新聞社）

〈阿弥陀堂〉、〈御影堂〉と観て回るくらい。この寺では〈お買い物広場〉と名付けられたショップを覗いておきたい。

京都人はここを〈おひがしさん〉と呼んでいて、それをうまく利用した〈おひがし〉と名付けられた干菓子が売られていて、これが恰好の京土産となる。お東さんのお干菓子。ほかでは売っていないところが貴重。

「東本願寺」自体には、見て回るところが少ないが、その代わりと言っていいのかはわからぬが、「渉成園《しょうせいえん》」という飛地境内があり、一万坪という広さを誇る庭園なので、ぜひとも観ておきたい。〈御影堂門〉を出て、烏丸通を東に渡り、正面通を歩けばすぐ。

入園のさい、庭園維持寄付金としておさめるのは五百円。立派なガイドブックをもらえるので、惜しまずに入園したい。何か所も見どころはあるが、おすすめポイントは池に映る京都タワー。石川丈山《じょうざん》の手が入った庭園と京都タワー。このミスマッチが意外なほどに美しい。

さて次は「西本願寺」へと移動。「渉成園」を出て、間之町通《あいのまちどおり》を南に下り、七条通を西に向かって歩く。堀川通を渡ったらすぐ目の前に「西本願寺」が建ち、築地塀《ついじ》に沿って北へ進むと〈御影堂門〉があるのだが、先に観ておきたいものがあるので、北小路通という

「西本願寺」の唐門。別名〈日暮らし門〉

細道を東へ入る。

まず観るべきは〈唐門《からもん》〉。国宝にも指定されている唐破風《からはふ》の四脚門《よつあしもん》は伏見城《ふしみじょう》の遺構と言われている。

極彩色で施された彫刻の数々は見飽きることがなく、眺めるうちに日が暮れてしまいそうなので、別名を〈日暮《ひぐ》らし門〉という。境内に入って内側からも観てみたいが、それにしても国宝なのに、手で触れられそうな間近で観られるのは、なんともありがたい。

なぜ「西本願寺」だけが世界遺産に登録されているのか。その答えを〈唐門〉が教えてくれているようだ。境内に入って〈御影堂〉、〈阿弥陀堂〉と、「東本願寺」と同じような伽藍が並ぶが、「西本願寺」のほうはどちらも国宝。〈唐門〉を含め、「西本願寺」の建造物は十指を超えて国宝に指定されているが、「東本願寺」はひとつもない。だから、というわけでもないだろうが。

なぜ本願寺が西と東に分かれたかという理由については、天下人の政争の結果、とだけ記しておく。信長・秀吉組と家康の反目が生んだ結果。

さて「西本願寺」の見どころ。大銀杏《おおいちょう》、天邪鬼《あまのじゃく》、埋《う》め木《き》、の三つをあげておく。ぜひご自分の目で探しあて、確かめていただきたい。

③「今宮神社《いまみやじんじゃ》」と「大徳寺《だいとくじ》」

洛北にあって地元京都人から愛され続けている「今宮神社」。わざわざ足を伸ばさねばならない場所にあるせいか、観光客の姿はさほど目立つことはない。賑《にぎ》わっているのは東側の参道にある二軒の茶店のほうだ。

向かい合う二軒の店はどちらも〈あぶり餅〉を名物としていて、その味を競い合っているが、客を奪い合うようなことは一切しないのが京都らしいところ。

僕などはそれほどの味の違いを感じないが、それぞれに贔屓《ひいき》客がついているようで、迷

今宮神社の楼門

わず片方の店に吸い寄せられてゆく。

床几《しょうぎ》に腰かけて、焼き立ての素朴な餅菓子を食べていると、たとえ初めてのことであっても、懐かしい思いにかられるが、それにはひとつ理由がある。

この参道は、茶店の様子も含めて、テレビや映画の時代劇に再三登場しているのである。記憶の片隅に残っているそれが浮かび上がってくるからだろう。

広くはない境内にはいくつかの見どころがあり、そのひとつは〈阿呆賢《あほかし》さん〉と呼び親しまれている神占石《かみうちいし》。

鎮座する石をまず手のひらで三度たたいてから両手で持ち上げる。次に願いごとを唱えながら三度手のひらで撫でてから、また両手で持ち上げる。

最初に持ち上げたときより軽く感じたら願いごとが叶うと言われている。

境内にはいくつかの小さな社があるが、その中のひとつ〈宗像社《むなかたしゃ》〉の台石にはナマズが彫られている。これを見つけると地震に遭遇しないとまことしやかに言われているが、その真偽は定かではない。

近年は、熱心に祈りをささげる若い女性の姿を見かけることが多いが、それはどうやら玉《たま》の輿《こし》に乗ることを願ってのことのようだ。

八百屋の娘から将軍の母にまで上り詰めた〈お玉〉、後の桂昌院《けいしょういん》の尽力によって復興をとげた神社ゆえ、その桂昌院にあやかろうという話。

玉の輿はともかくも、桂昌院は西陣織などの織物産業にも力を尽くした。その関わりもあってか、境内末社には〈織姫社《おりひめしゃ》〉という社もあり、七夕伝説のおりひめを連想するせいか、若い女性に人気を呼んでいる。女性好みの艶やかな神社、立ち寄る価値は充分ある。

東から入った神社だが、出るのは南側。そのまま真っすぐ南に下り、築地塀が途切れたところで東に折れる。明るい神社から一転、侘《わ》びた風情の境内には石畳の道が続く。ここが「大徳寺」。京都の歴史のさまざまな場面で、大きな関わりをもってきた禅寺である。

広い境内には二十を超える塔頭があるが、その多くはふだん門を閉ざしていて、中の様子をうかがい知ることはできない。他の観光寺院と一線を画す姿勢は、ときに冷たく感じることもあるが、それゆえ今の格式と静寂を保ってきたとも言える。

見事な紅葉で知られる〈高桐院《こうとういん》〉、「大徳寺」では最古の建築を持つ〈龍源院《りょうげんいん》〉、キリシタン大名大友宗麟《おおともそうりん》が建立した〈瑞峯院《ずいほういん》〉、書院の風雅な庭園を見どころとする〈大仙院《だいせんいん》〉。この四つの塔頭だけは常時公開しているので、必ず観ておきたい。

「大徳寺」の塔頭で常時公開されている「高桐院」

さて「大徳寺」と言えば豊臣秀吉。本能寺の変で命を落とした織田信長の葬儀を、ここ「大徳寺」で盛大に行ったのは秀吉で、それによって信長の後継者であることを天下に知らしめた。

そしてその葬儀を「大徳寺」で行うように進言したのは茶人、千利休《せんのりきゅう》であった。

利休と秀吉。長く蜜月関係を保ってきたが、最後は悲劇的な別離となる。

そのきっかけとなったのが〈金毛閣《きんもうかく》〉と呼ばれる山門。

秀吉の名とともに「大徳寺」の名も一躍世に名高くなり、単層の山門を立派な楼閣造りに改築するに至る。それを取り仕切ったのも利休だったこともあり、寺方は感謝の意を込めて、雪駄《せった》履きの利休の木像を〈金毛閣〉の楼上に安置した。

貴人も通る山門の上に自らの像を飾るなど、なんたる慢心、驕《おご》りか、と秀吉の逆鱗《げきりん》に触れ、切腹を命ぜられる結果となった。

無論ただこの木像のせいだけではなく、茶道を通じて強大な権力を持つに至った利休の力を恐れたからだろうと思うのだが。

いずれにせよ、今も残る山門が天下人と偉大なる茶人が反目するきっかけとなったことは間違いがないわけで、それを目の当たりにできるのが京都という街である。

④「千本釈迦堂《せんぼんしゃかどう》」と「釘抜地蔵《くぎぬきじぞう》」

京都のお寺や神社は正式名称で呼ばれることが少なく、たいていは通称で通じる。

「大報恩寺《だいほうおんじ》」と言っても、首をかしげる人は少なくないが、「千本釈迦堂」と言えばすぐに通じる。

「金閣寺」も通名で正式には「鹿苑寺《ろくおんじ》」。「銀閣寺」も同様で「慈照寺《じしょうじ》」が正式。このあたりは、番地ではなく、通りの名前と上る下る西入る東入る、で地名を表すのに似ている。

「千本釈迦堂」の本堂

「千本釈迦堂」はその名のとおり、千本今出川近くにあって、西陣界隈を中心として、広く篤《あつ》く都人の信仰を集めている。

ところで、西陣織で知られる西陣という地名は、東と西に陣地を置き、京都中を戦の渦に巻き込んだ〈応仁の乱〉から始まった。西の陣地だった辺りを西陣と呼ぶが、東陣という地名は残っていない。

〈応仁の乱〉は京都を焼野原にし、寺社も民家もことごとく焼失させたが、奇跡的にこの寺の本堂は焼け残った。つまり京洛最古の建造物となり、国宝にも指定されている。

〈この前の戦〉といって、京都人は第二次世界大戦ではなく、〈応仁の乱〉を挙げると揶揄されるが、それはあながち冗句《じょうく》ではなく、それほど大きな被害を受けたという意を含んでの言葉なのだ。

その〈応仁の乱〉を潜り抜けたというだけあって、本堂には戦を交えた跡が残されている。柱に残った刀疵《きず》や矢の跡を観て、触れることができるのは貴重な体験ではないだろうか。

この本堂建築にあたっては悲話が残されている。

名工として知られた大工の棟梁《とうりょう》だが、四本の柱のうち一本を短く切ってしまった。困り果てた棟梁に、残りの三本も短く切ればいい、とアドバイスしたのは女房のおかめ。妙案に事なきを得て、無事に上棟したが、おかめは出過ぎた真似をしたと悔い、自害してしまう。

そんな悲話を今に伝える当寺には〈おかめ塚〉が建っていて、良妻を目指す女性の参拝が絶えない。

「千本釈迦堂」を出て、千本通を北へ上ると東側に見えてくるのが「釘抜地蔵」。これも通名で、正しくは「石像寺《しゃくぞうじ》」。

〈地蔵堂〉を取り囲むように壁面をびっしりと覆う釘抜きの絵馬が異様な光景を生み出している。

〈釘を抜く〉が〈苦を抜く〉に転じ、さまざまな苦難から逃れようとする善男善女の願いを込めた絵馬。その始まりは室町のころ。

両手の痛みに苦しんでいた豪商が、この地蔵によって救われた逸話から〈釘抜地蔵〉と変わった。苦も痛みも抜いてくれる地蔵さまだ。

しかし創建はさらに古く、京都に都が置かれて間なしに、弘法大師空海が創建したと伝わる由緒ある寺。唐から持ち帰った石に空海が地蔵菩薩を刻み、苦しみを抜き去るという願いを込めたことから、当初は〈苦抜地蔵〉と呼ばれたという。

「千本釈迦堂」境内のおかめ像

こうした釘抜きが〈地蔵堂〉の壁面を覆っている

観光寺院ではなく、さりげなく市中に佇む寺であっても、そこには都の長い歴史のひとこまが残されていて心に残る。京都の寺巡りの愉しさはそんなところにある。

二．京都点描

前項でおすすめしたように、ふたつの寺社や観光スポットを組み合わせるとして、さて、どこをどうカップリングすればいいか。おすすめスポットをご紹介しよう。

京都には、見るべきもの、行くべきところが無数にある。それらを〈点〉とし、ふたつの〈点〉を結んで線にする。地図を見ながらの、そんな作業も愉しんでいただきたい。

京都の街を歩くことは歴史をたどることと心得、しかし伸びやかな京都旅であることを忘れることなく、愉しむことを第一の目的とする。そんな京都歩きを果たせれば、それがすなわち〈できる人〉の証なのである。

本阿弥光悦《ほんあみこうえつ》が作庭した「本法寺《ほんぽうじ》の庭」

小川通寺之内上る。表裏、両千家が軒を並べる通りは、洛中にあっても独特の空気を漂わせている。

車一台通るのがやっと、という狭い通りに、稽古通いを思わせる、着物姿の若い女性や、その師と思しき袴姿の男性が行き交い、さすが茶道の総本山と思わせる界隈に「本法寺」という寺が建っている。

「本法寺」の〈三巴の庭〉（2016年10月撮影／朝日新聞社）

六百年近くも前、日親上人《にっしんしょうにん》が建立し、その後移転を繰り返し、天正期にこの地に移ったという寺と深い縁を結んでいたのが本阿弥光悦。稀代《きたい》のアーティストである。

その光悦が作庭したと伝わる庭はさほど多くない。希少な割に知られていないのは、ここが観光寺院でないせいもある。

大小の立石を用いた三尊石組《さんぞんいわぐみ》を中心に、枯瀧《かれたき》石組を主役とした〈三巴の庭《みつどもえ》〉は、室町時代の書院風を名残とし、絢爛《けんらん》たる桃山時代を顕《あらわ》にした名庭。観光とは無縁の寺にも見るべきモノが多く残されているのが京都。

「六角堂」境内にある〈へそ石〉。「六角堂」は、華道発祥の地でもある

「六角堂《ろっかくどう》」のへそ石

何かにつけ、ものの中心を〈へそ〉と言い表すのは日本人の習いである。ここが日本のヘソ、だとか、本州のヘソはこの辺りなどと。

ここが京都の中心だ、と聖徳太子が本当に仰《おっしゃ》ったのかどうかはさておき、平安京が定められるより二百年ほども昔に、如意輪観音《にょいりんかんのん》を安置し、聖徳太子が六角形のお堂を建立されたのはたしかなことと伝わり、これが「六角堂」の始まりとされている。正式寺名は「紫《し》雲《うん》山頂法《ちょうほう》寺」。毎朝紫の雲がたなびく霊木を使ってお堂を建てたことに由来する。

京都人は親しみを込めて〈六角さん〉と呼び、通り名の童歌〈姉三六角蛸錦…〉の六角でもある。この「六角堂」のシンボルとも言えるのが〈へそ石〉。六角形の真ん中に穴が開いていて、本堂古跡の石だ。

平安遷都に際し、道の真ん中に建つ「六角堂」の移転を桓武天皇に依頼され、お堂はひとりでに動いたと伝わる。元のお堂の名残がこの石。〈へそ石〉は残った。

鵺《ぬえ》を退治した源頼政《よりまさ》ゆかりの場所

平安時代の終わりごろ、近衛《このえ》天皇のお住まいである〈清涼殿〉に夜な夜な、不気味な鳴き声が響き渡り、黒雲が辺りを覆った。恐れおののいた近衛天皇は、ついに病の床に就いてしまう。ここで側近たちが妖怪退治を依頼したのが源頼政。

ある晩、黒雲の出現と鳴き声を聞いた頼政は、山鳥の尾で作った尖り矢を放つ。と、二条城の北辺りに、鵺が落下し、駆け付けた家来によって、とどめを刺された。これによって近衛天皇も快癒し、妖怪は鵺だったことが判明した。頼政の大手柄である。

竹屋町通の美福通にある〈二条公園〉には鵺池伝説が今も残り、頼政が鵺を射た矢尻に付いた血を、この池で洗ったという。

退治された鵺は清水寺に埋葬されたとも伝わり、そこから北、岡崎公園には鵺塚がある。

四条烏丸近くにひっそりと佇む「神明神社」

また、四条烏丸近くの「神明神社《しんめいじんじゃ》」は、頼政が鵺を退治した屋敷の跡に建つとされている。平安京を跋扈《ばっこ》した妖怪、鵺は今も京に姿を残す。

紫式部と小野篁《おののたかむら》の墓

神社仏閣から町家。路地探索から隠れ名所へと、京都旅は年々ディープになり、それに呼応するかのように、マニアックな京都本が出版される。

京都の書店、観光客とは無縁と思われる、街の小さな書店にも、必ずといっていいほど、京都本コーナーがあり、地元の人間が物色している姿もよく見かける。京都人が愛する京都本。ふらりと立ち寄って、京都墓巡りというテーマ

左が紫式部、右が小野篁の墓

の本が並んでいるのには驚いた。墓巡り京都観光。なかなかにシュールだ。

もしも僕にこんなテーマで依頼が来れば、何を置いても先《ま》ずは紫式部の墓をおすすめする。

北大路堀川下る。何故こんな場所に、と誰もが訝《いぶか》る場所に建つ紫式部の墓。かつてこの辺りは蓮台野《れんだいの》と呼ばれる貴族の墓地だったからだろうが、さらなる不思議はすぐ隣の墓。地獄とこの世を行き来したという小野篁。これほどの有名人が並ぶ墓は他にない。

不思議に満ちた「因幡薬師《いなばやくし》」

繰り返し書いてきたように、京都の寺は通称で呼ぶことが多い。正式名称を知らずとも、

「因幡薬師」は病気平癒、とりわけ〈がん封じ〉で有名

「永観堂《えいかんどう》」といえば「禅林寺《ぜんりんじ》」にたどり着けるし、「東寺」といえば「教王護国寺」の門をくぐれる。

烏丸通と松原通が交じり合う近くに「平等寺《びょうどうじ》」という寺があるが、きっと京都人のほとんどは、その名を聞いてもどこの寺だかわからないはず。だが〈因幡薬師さま〉と言えば、誰もが頷くだろう。

辺りに住まう橘 行平《たちばなのゆきひら》が因幡の国で神事を終えた帰途、病に罹《かか》り、夢のお告げで海底から探し出した薬師如来の木像を祀り、因州に草堂を建てて平癒した後、帰洛した。京都に戻ってしばらく経ったある夜、件の薬師如来尊像が現れ、驚いた行平は自らの屋敷を改造して安置し、〈因幡堂〉と名付けた。

後に高倉《たかくら》天皇によって「平等寺」となった〈因幡薬師さま〉は、毎月八日に行われる手作り市でも人気を呼んでいる。

「野宮神社《ののみやじんじゃ》」の黒木の鳥居

神社の鳥居といえば朱塗りか、もしくは石でできている。そう思い込んでいる目に、嵯峨野「野宮神社」の黒木の鳥居は不思議な光景として焼き付く。

これはしかし、日本最古の鳥居様式と言われ、古くは鳥居と言えば、樹皮を残したままの黒木が通例だったと伝わる。

さて、この社。天皇の代理で伊勢神宮に仕えるため、斎王《さいおう》が都を離れる際に身を清めたところだというから由緒正しき神社。

さらには〈源氏物語〉の賢木《さかき》の巻にも登場し、六条《ろくじょうのみやすどころ》御息所と光源氏の別れの舞台ともなった。

この悲話は〈野宮〉として能の演目にもなり、亡霊となった六条御息所と旅の僧侶が向き合う場面には、社と同じく黒木の鳥居と小柴垣が登場する。

嵯峨野の竹林の途中にある「野宮神社」

嵯峨野の竹林に忽然《こつぜん》と姿を現す黒木の鳥居が、どことなく寂しげに映るのは、こんな話があるからかもしれない。夢とうつつの境目が曖昧なのも京都の魅力である。

豊臣秀吉が作った〈御土居《おどい》〉

京都の街を歩くと、時折、背丈ほどの土塁が数十メートルにわたって続くのを見かける。「北野《きたの》天満宮《てんまんぐう》」の境内西側や、「廬山寺《ろざんじ》」の山内など、多くは上京から北区にかけて残るそれらは〈御土居〉と呼ばれるもので、秀吉が洛中と洛外を分け隔てるために構築したものと言われている。

よくも悪くも、京都の街を今の形にしたのは秀吉である。〈御土居〉をはじめとして、道路の付

「北野天満宮」の境内西側にある御土居の跡

け替えなどは日常茶飯事。自らの都合に合わせて、道路をなくしたり、私有地を突っ切って道を作ったり、ある意味では、やりたい放題に、京都の街を作り替えた。

その名残は今も地名に多く見られ、寺町通は秀吉が寺を一か所に集めた結果、生まれた通り名であり、突抜《つきぬけ》は、秀吉が貫通させた通り名。当時の町衆は右往左往させられただろうが、今となっては情趣すら感じる。〈御土居〉はまた、鴨川の氾濫を防ぐためだったと言うから、秀吉は京の恩人でもある。

「源光庵《げんこうあん》」のふたつの窓

洛北鷹峰《らくほくたかがみね》。本阿弥光悦が芸術村を開いた辺りに

左が〈悟りの窓〉、右が〈迷いの窓〉（2009年12月撮影／朝日新聞社）

「源光庵」という小さな古刹がある。この寺は紅葉の名所としても知られ、秋も深まると、大勢の拝観客が押し寄せる。叶うならば、季節を少しずらして、緑濃き初秋、あるいは紅葉の終わった晩秋に出かけたい。

本堂に入り、廊下の天井を見上げると、不気味な足跡やら、手形など、いくつもの染みが目に入る。これが世に言う血天井。伏見城の遺構を移築したもの。石田三成《みつなり》に敗れた徳川家の家臣らが自刃したときの痕と伝わる。

目を下におろすと、その脇にある丸と角、ふたつの窓が見える。丸窓は白壁に、角窓は格子障子に囲まれて、それぞれの形がくっきりと浮かび上がって来る。

角窓を〈迷いの窓〉。丸窓を〈悟りの窓〉と

船岡山は、現在、「船岡山公園」となっている

呼ぶ。言い得て妙である。頭上には戦いの跡の生臭い人生が残り、庭を眺めるに窓を通して、迷いと悟りを行ったり来たり。人の世の無常をたしかめる寺である。

京都の北方を護る船岡山《ふなおかやま》

一旦は長岡京を定めておきながら、すぐに平安京へと桓武天皇が移したのは、今の都が風水学的に最高の吉相とされたからである。

風水学の詳細については第五章で後述するが、四神相応《しじんそうおう》と言われるように、四方を守られてきたから、長く都であり続けてきたことだけはたしかなこと。

東を守る青龍《せいりゅう》は鴨川。南の朱雀《すざく》は今はなき巨《お》椋池《ぐらいけ》。西の白虎《びゃっこ》は山陰《さんいん》、山陽《さんよう》の道。そして北を守る玄武《げんぶ》が船岡山。

平安京を定める際、北の基点となった船岡山。〈岡は船岡〉と清少納言が枕草子に書いたように、古来からの景勝の地として知られ、しかし一方では蓮台野という葬送の地でもあり、その死者を送る様は、兼好法師が徒然草に綴っている。

下って応仁の乱のころには、西軍の陣地となり、そのことから界隈を〈西陣〉と呼ぶようになった。後に織田信長の廟を豊臣秀吉が建て、今は「建勲《けんくん》神社」となっている。長い歴史を見守ってきた玄武。船岡山に住む聖獣。

京の七口に建つ「護《ご》浄《じょう》院《いん》」

京の七口とは、京の都に通じる街道の出入り口を言い、七つを数えるが、名称も場所も史料によってさまざまである。

今もその地名に〈口〉が付いて残っているのは、粟田《あわた》口、鞍馬《くらま》口、丹波《たんば》口と、荒神《こうじん》口くらいだろうか。

京都御苑の清和院御門近くに「護浄院」という寺があり、その通称を〈清荒神《きよしこうじん》〉と呼ぶ

「護浄院」の山門から石の鳥居がのぞく

ことから、その名が付いた〈荒神口〉。荒神さまは火のように荒ぶる神。粗末に扱えば火難を招くが、大切に祀れば火除《ひよ》けの神となる。

寺の山門を潜ると、本堂の前に石の鳥居が建っている。神仏習合の名残だろうが、ちょっと不思議な光景である。小さな寺ながら、京都七福神のひとつである福禄寿《ふくろくじゅ》をはじめ、弁財天、薬師如来、さらには、洛陽三十三所観音巡礼の第三番、准胝《じゅんてい》観音菩薩も祀られ、明治天皇も篤く崇拝した寺である。

荒神口という地名をひとつたどるだけで、多くの歴史が垣間見える。これぞ京都。

「永観堂《えいかんどう》」の見返り阿弥陀《あみだ》

俗に〈もみじの永観堂〉と言う。それほどに美しい紅葉を見せてくれる寺の、正式名称は「聖衆来迎山無量寿院《しょうじゅらいごうさんむりょうじゅいん》禅林寺《ぜんりんじ》」。浄土宗の寺院である。

秋も深まれば、紅葉狩を兼ねた拝観客で境内はあふれかえるが、他にもいくつか見どころがあって、たとえばご本尊の〈見返り阿弥陀〉さま。正面ではなく横を向いた珍しい阿弥陀像には逸話が残っている。

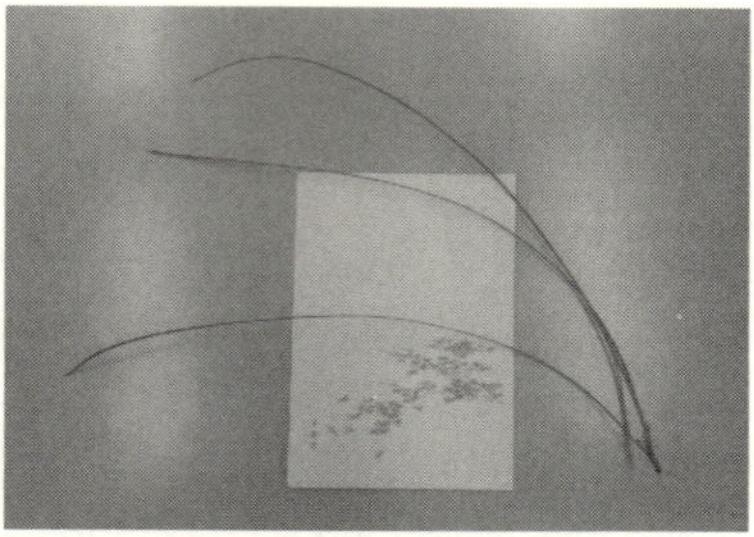

「永観堂」の三鈷の松と紅葉の絵はがき

当寺の住職だった永観律師《ようかんりっし》が行道しているとき、突然阿弥陀像が壇を降り、先導して行道を始めた。驚いた永観が立ち尽くしていると、阿弥陀像は「永観、おそし」と振り向いて声をかけたという。

この阿弥陀像は、そのお姿なのである。慈悲深い阿弥陀さまである。

もうひとつ、境内に植わる〈三鈷《さんこ》の松〉。通常はふたつに分かれる松の葉先が、みっつに分かれている。みっつは各々、智慧《ちえ》、慈悲《じひ》、真心を表すと言われ、落ち葉はお守り代わりにもなる。紅葉ばかりに目を奪われないよう。

「天寧寺《てんねいじ》」の額縁門《がくぶちもん》

秀吉が寺を集めて作った寺町通。今はしかし、さほど寺が集中しているようには見えない。たとえば、観光客にも馴染《なじ》みの深い、二条通から四条通辺りまで、ポツポツと点在してはいるものの、密集しているわけではない。

地価高騰や火難を受けて周辺部へ移転した寺も少なくない。これも時代の流れだが、今もその名残を留めているのは、今出川通を北に上って、しばらく経った辺り。鞍馬口通で行き当たるまで、十を越える寺が並ぶ。

最も北に位置するのは「天寧寺」。天正《てんしょう》年間に会津《あいづ》から移転してきた曹洞宗の寺院。無論観光寺院ではないが、山門前で記念撮影する旅人の姿をよく見かける。

まるで額縁の絵のように、山門の中に、比叡山が美しい姿を、すっぽりと納めている。山に近いせいか、市内を移動するうち、比叡山は、その姿を変える。後述するが、最も美

「天寧寺」の山門を額縁にして、向こうに比叡山が見える

しいのは賀茂川に架かる出雲路《いずもじ》橋近辺。「天寧寺」を東にたどると、ちょうどその辺りになる。

夕顔町《ゆうがおちょう》を歩く

夕顔。源氏物語の作中人物である。実在ならともかく、たとえ架空の人物だったとしても、それが京都という街に馴染むなら、町名にしてもやぶさかでない。これが京都人の心意気、と言えばいささか大げさか。

夕顔。光源氏の寵愛を受けるきっかけとなったのが、垣根に咲く夕顔の花。その邸のあった場所が五条辺りとされていることから、堺町通と高辻通が交わる辺りだろうと推し量ったに違いない。垣根ならぬ、民家の柵越しに〈夕顔の墳〉と刻まれた石碑を見ることができる。

紫野、雲林院に住む僧が夏安居《げあんご》という、夏の修行を終えようとして、毎日供えてきた花のために立花供養を行っていた。そんな夕暮れどき、ひとりの女が白い花を供えに来た。僧が花の名を問うと、夕顔だと答え、五条辺りに住むとだけ言い残して去って行く。女が霊だと知った僧が訪ねると夕顔の霊が現れて舞を舞う。能の演目〈半蔀《はじとみ》〉の舞台もこの辺り。

病を癒す寺社をいくつか

釘抜地蔵の項でも書いたが、京都の町には今も多くの民間信仰が残り、諸々の病を得た町衆は、病気退散を願って、霊験あらたかな寺社へとお参りする。

総合病院のように、あらゆる病に〈効く〉ところも多いが、ピンポイントで〈効く〉寺社も少なくない。

たとえば多くの旅人が行き交う祇園町の南側。四条通と大和大路が交わる辺りを東に入ったところにある「仲源寺《ちゅうげんじ》」。ここには〈目疾《めやみ》地蔵〉と呼ばれ、眼病を癒してくださる

御苑の西側にある「護王神社」は〈足腰〉に効く

四条河原町近くにある「蛸薬師堂」は〈できもの〉に効く

有難いお地蔵さまがおられる。いわば眼科だ。

他にも専門医はおられ、喘息封じの「赤山禅院《せきざんぜんいん》」は呼吸器科。できものを封じてくれる「蛸薬師堂《たこやくしどう》」は皮膚科。足腰の患いを癒してくれる「護王神社《ごおうじんじゃ》」は整形外科。女性の病に効く「市比賣神社《いちひめじんじゃ》」は婦人科ということになる。

今でも医者へ行く前に、まずはお参りして、という都人は少なくない。不思議な街だ。

柴漬《しばづ》け発祥の地大原《おおはら》を訪ねる

京土産として、長く人気を保ち続けているのが京漬物。中で一番人気は柴漬けだと聞く。京都三大漬物のひとつにも数えられる柴漬けは、洛北大原が発祥。

その柴漬けには、〈平家物語〉にも通じる悲話が残されている。

平清盛の娘徳子《とくこ》は、高倉天皇の中宮であり、安徳天皇の生母。壇ノ浦《だんのうら》の戦いに敗れ、母時子《ときこ》、息子の安徳《あんとく》天皇と一緒に入水を図るものの、ひとり徳子だけが、敵方源氏の手によって助けられ、生き残る。

失意のうちに都に戻った徳子は出家し、やがて大原「寂光院《じゃっこういん》」に入る。尼僧となった徳子を大原の里人たちは、手厚くもてなし、何かれと贈り物をした。中で徳子の一番の気に入りは、里の野菜を大原特産赤紫蘇《あかじそ》で漬け込んだ漬物。それは紫に染まり、栄華を誇った古を思い起こさせる色。誇りを失わせせまいとする里人の心に、いたく感動した徳子は、これを〈紫葉漬け《むらさきはづけ》〉と命名し、後にそれが転じて柴漬《しばづ》けとなった。身分、立場を越えて心を通わせた結果が、時空を超えて京名物になる。これも京都の姿。

「日向大神宮《ひむかいだいじんぐう》」で伊勢参《いせまい》り気分を味わう

京都人でも、その存在を知る人は少なかったが、隠れ紅葉の名所としてご紹介してからは、徐々に知名度も上がり、近年では「南禅寺《なんぜんじ》」から足を伸ばしてやってくる旅人も増えてきた。それでも未だ穴場といっていいだろう「日向大神宮」。

手前が外宮で奥に見えるのが内宮

石段を上がると「日向大神宮」の拝殿

タクシードライバーでも〈ヒムカイダイジングウ〉と行先を告げて、怪訝な顔をされることがある。神社の存在そのものを知らない人もいれば、〈ヒュウガダイジングウ〉と思い込んでいる人もいる。神社は蹴上《けあげ》のインクラインの奥にあって、道筋を知らない人も多い。

境内に入り、正面にお稲荷さんを見て、左手の石段を上がると拝殿。その奥には外宮がある。そこから橋を渡り、奥に進むと内宮が建っている。別の道をたどれば遥拝所もあるが、まるでお伊勢さんにお参りしているような気分になる。内宮の横道を進めば天岩戸もあり、胎内くぐりもできるようになっている。

天照大御神《あまてらすおおみかみ》を祭神に祀る社。隠れ紅葉のみならず、いくつもの見どころがある。

「須賀神社《すがじんじゃ》」の元祖ラブレター

スサノオノミコトとクシナダヒメノミコトという、円満夫婦を祭神とする「須賀神社」は当然のことながら、縁結び、家内安全にご利益ありとされている。

貞観《じょうがん》十一（八六九）年に岡崎で創建され、長く吉田山に鎮座し、大正末期になって、今の場所に社殿が建てられた「須賀神社」。吉田山と縁が深いことから、節分祭には多くの参拝客が訪れる。普通なら鬼が登場するところ、この社には、烏帽子《えぼし》を被り、水干《すいかん》と呼ばれる古式ゆかしい装束を身に纏い、覆面で顔を隠した怪しい男が姿を現す。

水干姿で顔を隠した姿（2010年2月撮影／朝日新聞社）

見た目は怪しいが、彼らは〈懸想文売《けそうぶみ》り〉と言う由緒正しき人たち。懸想文とは恋文の代筆で、これらは専ら平安貴族のアルバイトだった。それ故顔を隠している次第。

代筆という言葉も死語となり、恋文そのものすら存在が危うくなった今、かくも長閑《のどか》で情趣に富んだ存在があったことを思い起こし、身を焦がすような恋に落ちる京都旅も一興。

清和《せいわ》天皇も愛した水尾《みずお》の柚子風呂

冬至の柚子湯は全国共通の習わしなれど、京都洛西、水尾の里の柚子風呂はひと味違う。冬至は湯治をもじり、柚子は融通が効くように、とほとんどダジャレの世界だが、江戸期から今に続く柚子湯。しかしその効能はたしかなもので、冷えた身体を芯から温めるのに、柚子のエキスは有用らしい。

同じ柚子でも水尾特産の柚子は、見た目もゴツゴツしていて鄙《ひな》びた風情を湛《たた》え、一段と香りが高い。高貴とさえ思える香りの源は清和天皇。

出家の後、近畿各地を周り、この地、水尾の里を終《つい》の棲家《すみか》と定めた清和天皇に、里人たちは感動し、たびたび柚子湯でもてなしたと伝わる。水尾の里と天皇家のゆかりは深く、後《ご》水尾《みずのお》天皇の〈水尾〉は清和天皇のことを表し、尊崇の念を表した。

そんな水尾の里では秋が深まると、鶏鍋と柚子風呂を愉しめるプランが人気を呼ぶ。高貴な香りを身に纏う鄙の里を訪ねてみたい。

元髑髏《どくろ》町、今は轆轤《ろくろ》町を歩く

〈六道《ろくどう》〉という言葉がある。迷いは輪廻《りんね》するものという解釈で、天道から地獄道まで六つの冥界を指す仏教用語。死後は誰もがこの六つの迷いの道のどこかに行かねばならないのだそうだ。

「六道珍皇寺」の前に建つ〈六道の辻〉の石碑

　平安京のころ、清水寺の南側は鳥辺《とりべ》野《の》と呼ばれる葬送の地だった。そのころは風葬がほとんどだったようで、亡骸があちこちに散乱していたという。

　当時の五条通、今の松原通は、その野辺送りのルートだったから、あの世とこの世の境目。そこを〈六道の辻《ろくどう》〉と呼び、「六道珍皇寺《ろくどうちんのうじ》」の前には堂々たる石碑が建っている。

ここから少し西へ行くと轆轤町がある。清水焼の産地だから轆轤、と思いきや、実は元々髑髏町だったそうだ。きっと髑髏がたくさん散らばっていたのだろう。髑髏の町だとあまりに縁起が悪いので轆轤に変えたに違いない。京都の地名から、歴史を紐解くのも、旅の醍醐味である。

知られざる「長谷川家住宅」

京都で人気を呼んでいるスポットのひとつに、京町家がある。昔ながらの木造建築で、間口が狭く奥行きが長いために〈うなぎの寝床〉と呼ばれたりもする。

玄関の横には犬矢来《いぬやらい》があって、外観は紅殻《べんがら》格子と呼ばれる、色の濃い格子。二階には虫籠窓《むしこまど》があり、たいてい小屋根の上には鍾馗《しょうき》さまが鎮座している。

そんな典型的な京町家はほとんどが洛中の中心部にあり、飲食店や物販店、宿泊施設として活用されていて、京都らしい風情があるので人気を呼んでいる。

「長谷川家住宅」。週末土日のみの開館

京都駅から南へ一キロほど下がった場所に「長谷川家住宅」という農家住宅があるのだが、京町家とはひと味違う、庄屋さんの家。

近辺は九条家別邸のお膝元。由緒正しい血筋を引く代々当主は絵心もあり、とりわけ十一代長谷川良雄は著名な画家だった。その斬新なデザインが館内のあちこちに残されている。土間にはお竈《くど》さん。高い天井には太い松の梁《はり》。虫籠窓、格子窓、農家の住まいも味わい深い。

城主になれる「二条城《にじょうじょう》」

世に城マニアが多いのは、栄枯盛衰を間近に感じられるからだろう。永久に栄え続けた城などは無いに等しい。多くが枯れ衰える運命にあ

「二条城」の二の丸御殿唐門

る。城跡、あるいは城壁だけが残る地に、かつての栄華を偲《しの》ぶ。もしくは今も威風堂々たる天守閣に胸を昂《たかぶ》らせる。人は城に物語を見、ときに自らの人生と重ねあわせたりもする。

一国一城の主という言葉があるように、城主となるのは男の夢である。たとえ僅か一日であっても、その夢を叶えてくれる城が京都にあることは、存外知られていない。

十七世紀始めごろ、家康が築城して以来の大修理を行うため、一口城主募金を行っている。抽選ではあるが、一万円以上の募金をすれば城主になれる可能性がある。

日本に数多お城はあれど、世界文化遺産として登録されているのは、沖縄の首里城、播州姫路城と、古都京都の「二条城」だけである。その城の主となる夢が叶う、かもしれない。これぞまさに〈できる〉人の京都。

「知《ち》恩《おん》院《いん》」と「知《ち》恩《おん》寺《じ》」

京都人は寺社に〈さん〉を付けることが多い。たとえば、

——「知恩院」さんにお参りに行こか——

と、親しみを込めて言う。

一方で、同じような寺名の「知恩寺」には別の呼び名があって、地名を借りて〈百《ひゃく》万《まん》遍《べん》さん〉と言う。ふたつの寺院は少しく離れている。紛らわしいようでいて、混同することがないのは、呼び分けているからである。

たとえばタクシーに乗って行き先を告げる。「知恩寺」を目指す京都人は、寺名ではなく、決まって〈百万遍さん〉と言う。これなら混同されることはない。誰が決めたのでもなく、長い間にじわじわと浸透してきた町衆の智慧。無用な行き違いを避けるのに、細かな説明を加えることなく、目的を果たす。これが京都人ならではの知恵。

いかにして、面倒で無用な遣り取りを避けるかに徹底して知恵を絞る。何故か。

今も現役のお茶屋の「輪違屋」

——ややこしこと、かなんさかい——だ。

六つ目の花街嶋原《しまばら》にある「輪違屋《わちがいや》」

京都には五つの花街がある。上七軒《かみしちけん》、先斗町《ぽんとちょう》、祇《ぎ》園甲部《おんこうぶ》、祇《ぎ》園東《おんひがし》、そして宮川町《みやがわちょう》。

いくらかでも京都に詳しい方なら、首を傾げるに違いない。吉野《よしの》太夫《だゆう》の名で知られる嶋原が入っていないからである。これには少しく理由があって、京都の花街は組合を組織しているが、嶋原はここから脱退した故、五つの中には含まれていないのだ。

しかしながら、京都の花街で最も妖艶な空気を漂わせているのは嶋原であり、唯一の現役お茶屋である「輪違屋」は、安政《あんせい》四（一八五七）年に再建され、京都市の指定登録文化財でもある。

京都中央卸売市場から程近い嶋原では、祇園町や宮川町のように、芸妓《げいこ》舞妓《まいこ》が艶やかに歩くことなど滅多に見かけないが、嶋原大門が象徴するように、花街本来の姿を今に留める貴重な界隈である。

与謝《よさ》蕪村《ぶそん》が俳句をひねり、名妓吉野太夫を出した嶋原。花街はまた、文化サロンでもあったということをうかがい知れる。

京都にもあった大仏殿の跡

江戸時代には、奈良、鎌倉と並んで、日本三大大仏のひとつに数えられる大仏が、京都に存在していたことは、とうに忘れ去られてしまった。

奈良「東大寺」の大仏殿に倣って、豊臣秀吉が建立を計画し、文禄《ぶんろく》四（一五九五）年には大仏殿を完成させ、高さ二十メートルにも及ぶ、木製の大仏座像を安置したが、慶長大地震で倒壊してしまったという。大仏殿があった場所は現在の「豊国神社《ほうこくじんじゃ》」の裏手にあたる。

秀吉亡き後、秀頼、徳川家康と、大仏建立は引き継がれたものの、いずれも火難によって消失してしまう。それでも京の大仏を諦めきれなかったのか、天保年間に四代目大仏が建立され、昭和の終わりごろまで存続していたが、昭和四十八年、またしても失火で焼失した。

大仏のあった跡地は「大仏殿跡緑地公園」となっている（2014年５月撮影／朝日新聞社）

「豊国神社」の近くには大仏前郵便局、大和大路七条には大仏前交番が今も残る。また、正面通の名は、大仏の正面という意である。大仏消えても名は残る。

「京都御苑」の前に建つレンガ造の洋館

京都の街には、純和風の日本建築が、しっくりと馴染む。鼠《ねずみ》色の甍《いらか》、白壁、細かな格子窓。小粋な数寄屋建築から、素朴な町家まで、家並みを眺めるだけで、京都らしさを感じ取れる。

その一方、京都の街には古い洋館も多く残っていて、それらもまた、京の町並みに溶け込んでいる。

最もよく知られているのは、烏丸今出川近辺の〈同志社キャンパス〉。「京都御苑」を右手に見ながら、今出川通を東に歩くと、〈冷泉家〉から続く、白壁の土塀奥にレンガ造の校舎が連なっているのが見える。白壁とレンガの対比がいかにも京都らしい眺めだ。

今出川御門の交差点を北に上ると「クラーク記念館」や「アーモスト館」など、文化財が向かい合って建ち、その奥には広大な「相国寺」の境内が広がっている。和風建築と洋風建築の対比が、いかにも京都らしくて美しい。

同志社大学の「クラーク記念館」
（2008年２月撮影／朝日新聞社）

「大豊《おおとよ》神社」の狛ねずみ

社の鳥居横に鎮座する阿吽《あうん》像。たいていが狛犬《こまいぬ》である。阿吽の〈阿〉は口を開いて、最初に出す音。〈吽〉は口を閉じて、最後に発する音とされ、仏教真言のひとつである。山寺では仁王さまが阿吽の呼吸を

「清水寺」の阿阿像

「大豊神社」の狛ねずみ

見せることもあるが、いずれにせよ、阿吽が一対をなしている。ところが「清水寺」の山門横に鎮座する狛犬は、左右両方とも口を開けている。つまりは阿吽ではなく、阿阿像ということになる。これには少しく理由があって、長い清水坂を昇って参詣する人々を、呵々《かか》大笑させて迎えようという思いが、狛犬に篭《こ》められていると伝わるが、真偽は定かでない。

狛犬よりも愛嬌のあるネズミを阿吽像に仕立てた「大豊神社」も、同じ思いからだったのかもしれない。哲学の道にほど近く、大国主命《おおくにぬしのみこと》を祭神とする、末社「大国社《だいこくしゃ》」に狛ねずみはある。他の末社には猿や鳶《とび》も鎮座している。阿吽像の動物探しを、京都旅のお目当てにするのも愉しそうだ。

五重塔にも季節がある

五重塔といえば「東寺」。その高さは五十五メートル。だが京都には全部で四つの五重塔があることは忘れられがちだ。

祇園町を歩くと、時折その姿を見せるのは「法観寺《ほうかんじ》」の五重塔。高さは四十六メートル。遅咲きの桜で知られる、洛西「仁和寺《にんなじ》」のそれは三十六メートルと幾分低め。洛南「醍醐寺《だいごじ》」の五重塔は三十八メートルだが、歴史は一番古く、貴重な平安時代の遺構。

春が見ごろの「醍醐寺」の五重塔

四つの五重塔にはそれぞれ観るべき季節がある。

「東寺」は夏。〈北大門〉から入って左。夏の朝に蓮の花越しに眺める塔がいい。「法観寺」は冬。うっすらと雪化粧した東山を背景にした塔は、実に美しい。

「醍醐寺」と「仁和寺」は言うまでもなく春。醍醐の花見というくらいだから、桜が咲き誇るころの塔は艶やかのひと言に尽きる。「仁和寺」は遅咲きの桜を彩る。五重塔にも季節がある。それが京都。

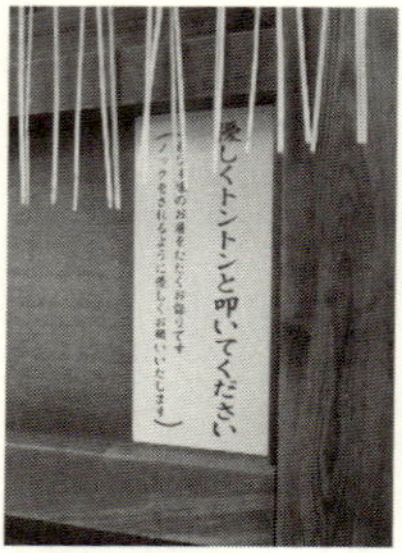

こんな注意書きも

「京都ゑびす神社」の本殿左横手。

耳が遠い京のゑびすさま

京都人が商売繁盛を願うのは、ふたつの社。

ひとつは「伏見稲荷大社」。通称〈おいなりさん〉。大方の商人は初詣に出向く。三が日が終わっての賽銭《さいせん》勘定は、決まってテレビのニュースになる。

もう一社は「京都ゑびす神社」。通称〈ゑびすさん〉。年輩の都人なら、ちょっと浪速風に訛って〈ゑべっさん〉。

こちらは十日ゑびすにお参りする。一月十日が〈本ゑびす〉。前日の九日は〈宵ゑびす〉。どちらの日も境内は善男善女で、ごった返す。

——商売繁盛で笹持ってこい——のリズムに乗って、笹飾りを求める列が波打つ。

まずはお参り。本殿正面で鈴を鳴らした後は、本殿の左横手にまわって、板をトントンと叩く。ゑびすさまは耳が遠いので、こうやってお参りに来たことを知らせるという、愉快な風習。福耳をしたゑびすさまが、耳に手を当てて、フムフムと頷いておられるような気がするから不思議だ。

「圓徳院《えんとくいん》」の三面大黒天《さんめんだいこくてん》

三面大黒天が祀られている「圓徳院」

私事で恐縮だが、大黒天、毘沙門天《びしゃもんてん》、弁財天が一体となる〈三面大黒天〉さまは、僕の守り神と決めている。大病を患ってのち、再起を期して「延暦寺」を訪ね、〈大黒堂〉で出会って以来、守護神と決め、曲がり角に立ったときや、願を掛ける際には必ずお参りしている。

天台宗の開祖である最澄《さいちょう》が唐に渡ったときに出会い、その強力なパワーを目の当たりにし、自ら刻んだ〈三面大黒天〉を祀ったことが始まりとされる。

「東寺」、すなわち「教王護国寺」の境内にもこの〈三面大黒天〉さまはおられるが、最もよく知られているのは「高台寺」近くの「圓徳院」に祀られたそれ。

豊臣秀吉がこの〈三面大黒天〉に出世を願い、見事に太閤となったことから〈三面出世大黒天〉とも呼ばれている。最澄と同じく、秀吉もまた一目惚れ。守り神として絶えず携帯し、数々の困難を乗り越えたと言われている。出世を願う向きはぜひともお参りを。

「出世稲荷《しゅっせいなり》神社」の出世鈴

時代を問わず、出世を願わない人などいない。先の〈三面出世大黒天〉はあくまで通称だが、神社の正式名称に出世が付くのは稲荷社だけではないだろうか。

かつて千本二条近くにあり、出世を願う善男善女で大いににぎわった「出世稲荷神社」が洛北大原の閑静な地に移ったのは平成二十四年のこと。

天正十五（一五八七）年、秀吉が聚楽第《じゅらくだい》を造営する際、長く信仰していた稲荷神社を勧請したのが始まり。のちに後陽成《ごようぜい》天皇が聚楽第に出向き、その稲荷社に参拝し、出世を遂げた秀吉に因んで〈出世稲荷〉の号を授けた。

この神社でぜひとも授かりたいのが〈出世鈴〉というお守り。白地の土鈴に赤い字で〈出世〉と書かれていて、ふたつ一対の鈴が赤いひもで結ばれている。神さまと自分と両方に立身出世を誓うという意味合いがあるそうだ。

身近に置き、時折にぎりしめると心が落ち着く。小さく振ると軽やかな音がして、身も心も清められるような気がする。

「武信稲荷神社」の境内には竜馬とおりょうの絵馬が

「武信稲荷神社《たけのぶいなりじんじゃ》」の大榎《えのき》

壬生《みぶ》屯所にほど近い「武信稲荷神社」。さほど名の知れた社ではないが、ここには坂本龍馬にまつわるエピソードが残されていて、龍馬ファンをはじめとして多くの信仰を集めている。

境内にそびえる、樹齢八百五十年とも伝わる大榎が龍馬ゆかりの木。

この神社のすぐ傍らには、今でいう政治犯を収容する〈六角獄舎〉が建っていて、そこには恋人であるおりょうの父も囚《とら》われていた。

おりょうの父の身を案じ、龍馬は何度もこの木に登って様子を探ったとも言われている。そして龍馬は、おりょうへの伝言として〈龍〉の一字を、この木の幹に刻んだとも言われていて、その痕跡を探そうとする龍馬ファンが大榎を見上げる姿が絶えない。

幕末に活躍し、日本の近代化にひと役買った龍馬の微笑ましい逸話が残る「武信稲荷神社」で大榎を見上げてみたい。

■第二章に出てくる名所旧跡■

【六孫王神社】 地図〔P.247〕
住所：京都市南区壬生通八条角
電話：075-691-0310

【東寺（教王護国寺）】 地図〔P.247〕
住所：京都市南区九条町1
電話：075-691-3325
開門時間：5:00〜17:00
料金：無（金堂・講堂は500円、8:00〜16:30受付）

【東本願寺】 地図〔P.246、250下図〕
住所：京都市下京区烏丸通七条上ル
電話：075-371-9181
開門時間：5:50〜17:30（11〜2月は6:20〜16:30）
料金：無

【渉成園】 地図〔P.250下図〕
住所：京都市下京区下珠数屋町通間之町東入ル東玉水町
電話：075-371-9210
開園時間：9:00〜17:00（11〜2月は〜16:00）※受付は30分前まで
庭園維持寄付金：500円以上

【西本願寺】 地図〔P.247、250下図〕
住所：京都市下京区堀川通花屋町下ル
電話：075-371-5181
開門時間：5:30〜17:00（季節によって変動あり）
料金：無

【今宮神社】 地図〔P.247〕
住所：京都市北区紫野今宮町21

電話：075-491-0082

【大徳寺】 地図〔P.247〕
住所：京都市北区紫野大徳寺町53
拝観時間：境内散策自由（公開塔頭の拝観時間、料金は要確認）

【千本釈迦堂（大報恩寺）】 地図〔P.247〕
住所：京都市上京区七本松通今出川上ル
電話：075-461-5973
拝観時間：9:00〜17:00　拝観料：600円

【釘抜地蔵（石像寺）】 地図〔P.247〕
住所：京都市上京区千本通上立売上ル花車町
電話：075-414-2233
開門時間：5:30〜17:00　　料金：無

【本法寺】 地図〔P.247、251〕
住所：京都市上京区小川通寺ノ内上ル本法寺前町617
電話：075-441-7997
拝観時間：10:00〜16:00（不定休、要確認）
拝観料：500円（特別展等は変動あり）

【六角堂（頂法寺）】 地図〔P.246、249〕
住所：京都市中京区六角通東洞院西入堂之前町
電話：075-221-2686
開門時間：6:00〜17:00　　料金：無

【神明神社】 地図〔P.246、249〕
住所：京都市下京区綾小路通高倉西入ル神明町

【紫式部と小野篁の墓】 地図〔P.251〕
住所：京都市北区紫野西御所田町２

【因幡薬師（平等寺）】 地図〔P.246、249〕
住所：京都市下京区因幡堂町728
電話：075-351-7724
開門時間：6:00〜17:00　　料金：無

【野宮神社】 地図〔P.247、252下図〕
住所：京都市右京区嵯峨野宮町１
電話：075-871-1972

【北野天満宮】 地図〔P.247〕
住所：京都市上京区馬喰町
電話：075-461-0005
開門時間：4〜9月 5:00〜18:00　10〜3月 5:30〜17:30
料金：無（※御土居は春と秋に公開。時期、料金は要確認）

【廬山寺】 地図〔P.246〕
住所：京都市上京区寺町通広小路上ル北之辺町397
電話：075-231-0355
拝観時間：9:00〜16:00　　拝観料：500円

【源光庵】 地図〔P.247〕
住所：京都市北区鷹峯北鷹峯町47
電話：075-492-1858
拝観時間：9:00〜17:00（法要で拝観できない時間帯あり）
拝観料：400円（11月500円）

【船岡山】 地図〔P.247〕

【建勲神社】 地図〔P.247〕
住所：京都市北区紫野北舟岡町49
電話：075-451-0170

【護浄院】 地図〔P.246、252上図〕
住所：京都市上京区荒神口通寺町東入荒神町122
電話：075-231-3683
拝観時間：8:00〜17:00　　　料金：無

【永観堂（禅林寺）】 地図〔P.246〕
住所：京都市左京区永観堂町48
電話：075-761-0007
拝観時間：9:00〜17:00（16:00受付終了）
拝観料：600円（秋の寺宝展は除く）

【天寧寺】 地図〔P.246、251〕
住所：京都市北区寺町通鞍馬口下ル天寧寺門前町301
電話：075-231-5627
開門時間：7:00〜17:00　　　料金：無

【夕顔の石碑】 地図〔P.249〕
住所：京都市下京区堺町通高辻下ル

【仲源寺（目疾地蔵）】 地図〔P.248〕
住所：京都市東山区祇園町南側585
電話：075-561-1273
開門時間：7:00〜19:30　　　料金：無

【赤山禅院】 地図〔P.246〕
住所：京都市左京区修学院開根坊町18
電話：075-701-5181
開門時間：6:00〜18:00　　　料金：無

【蛸薬師堂】 地図〔P.246、249〕
住所：中京区新京極蛸薬師東側町503
電話：075-255-3305

開門時間：8:00〜17:00（11〜3月は16:30）　料金：無

【護王神社】 地図〔P.246、250上図〕
住所：京都市上京区烏丸通下長者町下ル桜鶴円町385
電話：075-441-5458
開門時間：6:00〜21:00　料金：無

【市比賣神社】 地図〔P.246〕
住所：京都市下京区河原町五条下ル一筋目西入ル
電話：075-361-2775
開門時間：7:00〜18:00　料金：無

【寂光院】 地図〔P.246〕
住所：京都市左京区大原草生町676
電話：075-744-3341
拝観時間：9:00〜17:00（12〜2月は〜16:30）　拝観料：600円

【日向大神宮】 地図〔P.246〕
住所：京都市山科区日ノ岡一切経谷町29
電話：075-761-6639

【須賀神社】 地図〔P.246、252上図〕
住所：京都市左京区聖護院円頓美町1
電話：075-771-1178

【水尾】 地図〔P.247〕

【六道珍皇寺】 地図〔P.246、248〕
住所：京都市東山区大和大路通四条下ル4-595
電話：075-561-4129
開門時間：8:00〜16:30
拝観料：境内自由、堂内500円（要予約）

【長谷川家住宅】 地図〔P.246〕
住所：京都市南区東九条東札の辻町5
電話：075-606-1956
開館時間：土日の10:00〜16:00（7月第3土曜〜8月、12月第２土曜〜3月第２日曜は休館）　入館料：600円

【二条城】 P.34参照

【知恩院】 地図〔P.246、248〕
住所：京都市東山区林下町400
電話：075-531-2111
拝観時間：9:00〜16:30（16:00受付終了）
庭園拝観料：共通券500円など

【知恩寺】 地図〔P.246〕
住所：京都市左京区田中門前町103
電話：075-781-9171
開門時間：6:30〜17:00（季節によって変動あり）　料金：無

【輪違屋】 地図〔P.247〕
住所：京都市下京区西新屋敷中之町114

【豊国神社】 地図〔P.246〕
住所：京都市東山区大和大路正面茶屋町
電話：075-561-3802

【同志社大学（クラーク記念館、アーモスト館）】 地図〔P.251〕
住所：京都市上京区今出川通烏丸東入 同志社大学今出川キャンパス内

【大豊神社】 地図〔P.246〕
住所：京都市左京区鹿ケ谷宮ノ前町１
電話：075-771-1351

【清水寺】 地図〔P.246〕
住所：京都市東山区清水1-294
電話：075-551-1234
拝観時間：6:00～18:00（※季節によって閉門時間変更あり）
拝観料：400円

【法観寺（八坂の塔）】 地図〔P.246、248〕
住所：京都市東山区清水八坂上町388
電話：075-551-2417
拝観時間：10:00～16:00（不定休）
拝観料：400円（中学生未満は拝観不可）

【仁和寺】 地図〔P.247〕
住所：京都市右京区御室大内33
電話：075-461-1155
拝観時間：9:00～16:30（12～2月は～16:00）
拝観料：御殿500円

【醍醐寺】 地図〔P.246〕
住所：京都市伏見区醍醐東大路町22
電話：075-571-0002
拝観時間：9:00～16:30（12月第1日曜翌日～２月末日は～16:00）
拝観料：３か所共通券800円（通常期のみ。春期・秋期等は1500円）

【伏見稲荷大社】 地図〔P.246〕
住所：京都市伏見区深草藪之内町68
電話：075-641-7331

【京都ゑびす神社】 地図〔P.248〕
住所：京都市東山区大和大路四条南
電話：075-525-0005
開門時間：8:30～17:00　　料金：無

【圓徳院（三面大黒天）】 地図〔P.248〕

住所：京都市東山区高台寺下河原町530

電話：075-525-0101

拝観時間：10:00〜17:00（17：30閉門）　拝観料：500円

【出世稲荷神社】 地図〔P.246〕

住所：京都市左京区大原来迎院町148

電話：075-744-4070

【武信稲荷神社】 地図〔P.247〕

住所：京都市中京区三条大宮西二筋目下ル

電話：075-841-3023

第三章

〈できる〉人はこんな店で食べる

京都で食べる〈できる〉人の三か条

1. 固執するべからず

昨今の京都旅は、まず人気割烹《かっぽう》の予約を取ることから始める。そんな旅人が少なくないようだ。とりわけ東京からの客はたいていがそんなふうだと聞く。

つまりは京都旅と言いながら、その実態は人気割烹店を訪ねることだけを目的としていて、名所観光などは、行きがけの駄賃程度としか考えていないのだという。

三か月前くらいなら、まだましなほうで、半年前、一年前から予約しないと入れない店が何軒もある。

そんなシステムを作り上げた、なんとも商売上手な店がはたして、京都を代表する料理店かといえば、決してそうとは言えない。人気と実力は別なのである。

大勢で歌って踊るアイドルグループのメンバーにも似て、人気はさらに人気を呼ぶ。歌が巧いとか踊りが上手だとかは関係がない。人気があるというだけで人が群がるのはアイドルも京都の料理屋も同じ。予約が取りづらいからといって、必ずしも格別料理が旨いとか、飛びぬけていい食材を使っているとは限らないのだが。

そもそも、食べるというのは本能から生じるものである。身体が欲し、食べることで生命を維持する。〈食〉と〈生〉は一体をなすべきもの。そこに余計な雑音が加わると〈食〉が歪んでしまう。

歯科医という仕事柄、訪問診療に赴くことがあり、そこで老齢の患者さんの訴えを聞くと、その多くが食べる話になる。

残された人生に多くは望まないが、美味しく食べることだけは、いまわの際まで保ち続けたいという。極論すればそのためだけに生き永らえたい。そんな声をしばしば聞いた。美味に対する執着力は生命力の源なのである。

しかしながらその美味とは、人それぞれであり、肉をしっかり味わいたいと願う人もいれば、青菜のやさしさを舌で感じたいという人もいる。

美味というものは、ごく私的なものである。他の人は見向きもしないが、自分にとっては究極の美味が必ずあるに違いない。

美味は人から押しつけられるものではないし、美味を定義するほど愚かなことはない。

食のサイトやブログ。人がそれぞれ自分の好みである食や店を紹介するのはいいが、それをして普遍的な絶対価値であるかのように断じるのは罪なことである。

京都にいながら、伝統や文化に目を向けることなく、食べることばかりに集中して発信する人がいる。そんな妄言に振り回され、行列や星だけを追いかけていると、真の美味に出会うこともできず、結果、人生にはもっと大切なことがたくさんあることを見失ってしまう。

料理の実質より話題性が優先するのが、今の京都の食事情。そこにばかり気を取られ、特定の店に固執するのは〈できる〉人とはほど遠くなることを心得るべし。

2. 並ぶべからず

予約困難と同じく、〈行列必至〉もどうやら、飲食店に対する最大の賛辞ととらえる向きが多く、行列もまた行列を呼ぶ。

たかが、といっては失礼かもしれないが、一杯のうどんを食べるためだけに、一時間以上も店の外で並ぶのは、時間の無駄だと思うのだが。

京都での一時間は貴重だ。気が向いたいくつかのうどん屋へ足を運び、自分好みの一軒を探し当てるのが、〈できる〉人のあるべき姿だ。

同じような味のうどんに見えて、それぞれが微妙に異なる。京都人はたいてい〈マイうどん〉とも呼ぶべき店を持っていて、誰がなんと言おうがその店に通いつめる。かく言う僕も贔屓《ひいき》のうどん屋を何軒か持っていて、それを順に回っている。

観るべきもの、行くべきところは山ほどあって、無駄に一時間もつぶすくらいなら、そちらを優先すべきだろう。

出汁《だし》文化が隅々にまで行き届いている京都では、街場の食堂、うどん屋さんに入れば、きっと美味しいうどんにありつけるはず。

〈できる人〉は決して長い列の後ろにつかない。

3. 振り回されるべからず

予約が取りづらい店や、長い行列ができる店は、ごく一部を除いて不変のものではなく、絶えず入れ替わっている。

つまりは多くがブームを追いかけているからで、いわゆる食通を自任する人たちの間での人気によって目まぐるしく変化する。

ついこの前まではAが最高だと言っていたのに、今度はBが一番だと言いだし、その言を信じる人たちがその後を追いかける。口コミサイトの点数が上下すればそれにつられ、格付け本で星の数が増減すれば、いとも容易に行くべき店を変えてしまう。要するに、自分の舌や感覚で判断できず、他の評価基準に右往左往しているわけで、こんなことをしていて、真っ当な店に出会えるわけがない。〈できない〉人に限って、こんな流れに振り回されるのである。

人の後追いはしない。ただ食べるためだけに長時間並ぶような、無様な姿はさらさない。人気店だけに固執しない。自分自身の舌でセレクトする。それが〈できる〉人の店選び。

大切なことは、その店でしか食べられない料理、その店でしか味わえない空気。星の数ではなく、口コミサイトの点数でもなく、ましてや予約の困難度でもない。京都という地にどれほど根付いているか、こそが店の指標となるべきで、〈できる〉人を目指すなら、その店の歴史、物語にも目を向けたいところ。

落下傘のように、地方から京都に舞い降りてきて、いかにも古くからあった店でもあるかのように、京都を極端に誇張した設《しつら》えをしたり、店の名に〈京〉や〈祇園〉を冠する店は敬して遠ざけたい。

〈できる〉人はこんな店を選んで食べる。しかし、ただ漫然と食べるのではない。はっきりとした目的を持って食べる。それが〈できる〉人の証。

できることなら、京都のその店でしか食べられない料理を目指したい。ベストワンよりオンリーワン。そんな店と、何をどう食べるか、実例を挙げてご紹介しよう。〈できる〉人はこんな店に行く。

「御二九と八さい はちべー」の夜のおまかせ料理は6800円（税込）

「御二九と八さい はちべー」で本物の肉割烹をじっくり味わう

近年、京都の割烹店には必ずといっていいほど、肉料理が品書きに載っている。老舗料亭のコース料理でも牛肉料理が出されることは決して少なくない。

さらには、牛肉も、ではなく、牛肉だけをコース仕立てにした、いわば肉割烹のような店が、京都にも何軒もできてきたのは、当然の流れだろう。

店の設え、料理の内容ともいかにも京都の店といったふうで、ブランド牛の中でも最高クラスの肉を使って割烹スタイルのコースに仕上げる。店の在り処も祇園の一等地。となれば、手ごろな価格とはいかない。

〈うちにく〉と呼ばれるホルモンをメインに、しかしながら京割烹さながらの繊細な料理を供する「御二九と八さい　はちべー」は、情緒ある柳小路にあって、知る人ぞ知る良心的価格の肉懐石の店。コース仕立てで繰り出される〈うちにく〉料理の数々は、まさかそれが牛ホルモンだとは誰も思わないほどに洗練され、しかも極めてリーズナブルとなれば、行かずにおれない。

「平野家本家《ひらのやほんけ》」で〈いもぼう〉を食べる

〈いもぼう〉という名の料理がある。どういうものかといえば、至極シンプルな話で、海老《えび》芋と棒鱈《ぼうだら》を炊き合わせたもの。海老芋の〈芋〉と棒鱈の〈棒〉で〈いもぼう〉というわけだ。〈いもだら〉でもよかったような気もするが、ただの鱈ではなく、棒鱈でなければこの味にならないという思いが、〈いもぼう〉となった所以だろう。

京都ではこういう料理を〈であいもん〉と呼び親しんでいる。はるばる北海道からたどり着いた棒鱈と、南は鹿児島から届いた海老芋が、都で出会い、ひとつの料理となったのは江戸中期のころだという。爾来、三百年もの長い時を経て、今も守り続けている〈いもぼう〉を円山《まるやま》公園の中にある老舗「平野家本家」で食べる。それは京都を深く知るためでもある。

突如として京都に舞い降りてきたような店で、本来の都の有りようを垣間見ることは難しい。由緒正しい老舗で、京都ならではの名物料理〈いもぼう〉を食べる。真の京都通はこういう料理に舌鼓を打つのである。

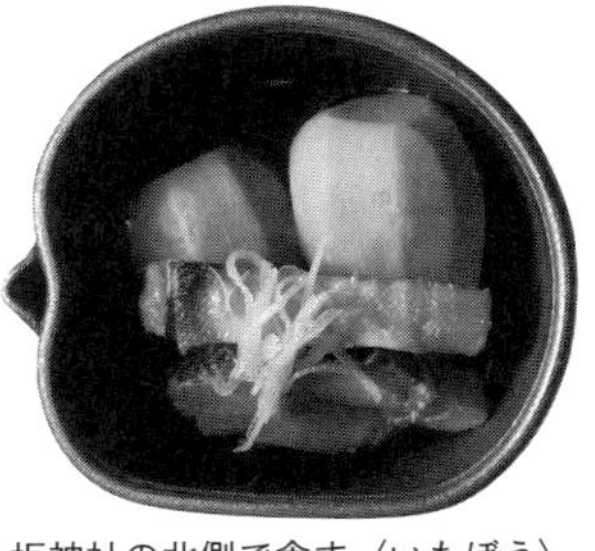
八坂神社の北側で食す〈いもぼう〉

「涛々《とうとう》」で京都ふうの串揚げを食べる

串揚げといえば、ソース二度付け禁止を思い浮かべる向きも少なくないが、それらは概《おおむ》ね串カツと呼ばれる大阪名物である。

大きな容器にたっぷり入ったソースに、揚げたての串カツをどっぷり浸して食べる。ひとつの容器は何人もの客が

それぞれの串に合わせたソースが美味の「涛々」

使うから、一度かじった串カツにまたソースを付けるのは衛生上いかがなものか、というわけで二度付け禁止。
京都における串揚げはそれとは異なり、数種類用意された自分専用のソースを付けて食べる。それをさらに発展させ、ひと串ひと串に味付けをして、客が付けるソースをなくしてしまったのが、京都駅近くにある「京串 涛々」。
烏丸七条の交差点近く。モダンな造りの店に入っても串カツ屋独特の油臭さは皆無。ビストロのようなインテリア、スタッフの出で立ちが、そのまま店の料理を象徴している。約十種の串とサラダや〆のローストビーフご飯がセットになったコースのみ。想像をはるかに超える串揚げのバリエーションに驚くこと間違いなしだ。

「浜作《はまさく》」に割烹の原点を見る

本章の冒頭にも記したように、京都の料理界は今、空前ともいえる割烹ブームだ。その主役となっている若手の新進割烹は、多くが主導権を店側が持ち、料理はおまかせコース一本鎗で、食事もすべての客が一斉にスタートする方式。もちろん事前予約は必須で、それも数か月前に済ませないと店に入れない。

「浜作」の料理風景

こうして入口を狭くすればするほど人気が出るという、妙なことになっている。

本来の割烹は、客のわがままにどう応えるか、が人気のバロメーターだったことを考えると隔世の感がある。

祇園下河原に暖簾《のれん》をあげる「浜作」は昭和の初期に板前料理を考案した、割烹の元祖的存在。今でこそおまかせ料理のみの提供だが、それでも客のリクエストに応える姿勢は往時と変わらない。すべてを店側が仕切る今風の新進割烹と違い、主人と客が一緒になって店の空気を生み出す。一座建立という言葉がふさわしい店の料理は、吟味し尽くした食材と卓越した技で、贅沢の極みを味わわせてくれる。

「殿田《とのだ》」で真の京都のうどんを知る

京の腰抜けうどん。巷間《こうかん》そう揶揄されるほどに、昔から京都のうどんにはコシがない。それには少しく理由があって、コシが強すぎるとうどんつゆが麺に染み込まないからだ。

したがって、京都では温かいうどんがほとんどで、夏場以外に冷たいうどんは食べない。温かいうどんつゆの中にあってこそ、京都のうどんなのである。うどんつゆという言葉はしかし、京都以外に向けてのものであって、多くの京都人はうどんつゆを〈だし〉と呼ぶ。――ええだしやなぁ――。最後の一滴まで飲みほしての言葉。

「殿田」のたぬきうどん500円（税込）

そんな〈だし〉を飲むのではなく、食べるのは餡《あん》かけうどん。京都駅八条口にほど近い「殿田」の〈たぬきうどん〉を食べるといつもそう思う。コシのないうどん、油揚げ、そしてとろみの付いた〈だし〉が三位一体となり、口いっぱいに幸せを広げる。九条ネギとおろし生姜《しょうが》の風味も相まって、これぞ京都のうどん、だと教えてくれる。ワンコインで味わえる京都のほんまもん。

「鮨まつもと」はランチ営業も

「鮨まつもと」で江戸前祇園鮨をつまむ

京都で江戸前握りが語られるようになったのは、そう古いことではない。少なくとも僕が子どものころまでは、寿司といえば、箱寿司や棒寿司、もしくはちらし寿司が主流で、出前の寿司桶にも必ずそれらが入っていて、添えもののようにして握り寿司が置かれていた。

東京で学生生活を送った祖父には、それが大きな不満だったらしく、数少ない江戸前鮨の店のカウンターに座って、いつも真の江戸前握りを語っていた。

そんな祖父が地団太を踏んで悔しがるだろう店、「鮨まつもと」が本格江戸前鮨を引っ提げて祇園に暖簾をあげたのはいつだったろう。それほどにすっかり京都の地に馴染んでしまった。

いわゆる仕事を施した江戸前鮨、赤酢をきかせ、甘みを極力おさえたシャリ、若き主人の端正な所作。どれもが新鮮な驚きを持って京都人に迎え入れられた「鮨まつもと」。今や祇園鮨と呼びたくなるほど、見事に京で華を開かせた。

冬に食べたい「末廣」の蒸し寿司

「末廣《すえひろ》」で京ならではの蒸し寿司を食べる

京の街なかにある、たいていの寿司屋はなんでもこなす。握りはもちろん、押し寿司、棒寿司、巻き寿司、いなり寿司、ちらし寿司などなど。店で食べるというより、どちらかと言えば持ち帰り、出前がメインとなる店。京都の各家は、それぞれにそんな寿司屋を必ず一軒は持ち札《もふだ》にし、来客時や慶事などに出前を依頼した。

生家が河原町荒神口にあったこともあり、うちの贔屓は寺町二条近くの「末廣」。店の佇まいも、寿司そのものも京都らしい寿司屋の右代表である。何を食べても美味しい店だが、真骨頂を発揮するのが冬場だけしか食べられない蒸し寿司。

寿司を蒸す。長崎や尾道、高知などの一部を除いて、他の地域では思いもつかないだろうが、底冷えの京都ではこれほど有難い寿司はない。

刻み穴子をたっぷり入れた酢飯に錦糸卵と、海老やイカ、椎茸の煮付けなどの具材を載せて蒸籠《せいろ》で蒸し上げる。火傷しそうなほどの熱々を頬張ると、身体が芯から温まる。蒸し寿司を食べるなら、老舗「末廣」に限る。多くの都人が口を揃える。

「権兵衛《ごんべえ》」で日本一の親子丼を味わう

順位だとか格付けは好まないのだが、日本一や日本三大ナントカといった呼称はおおらかでいい。

「権兵衛」は四条切通しにあって、古くから都人に愛され続けている蕎麦屋。無論のこと蕎麦も旨いが、この店の親子丼は僕が知るかぎり日本一旨い。鶏肉や卵の質、ご飯の炊き加減もだが、なんといっても出汁の旨みが隅々にまで染みわたった卵のとじ加減が絶妙なのだ。

たいていの店は親子鍋と呼ばれる鍋で出汁と鶏肉を煮て、そこに溶き卵を入れ、煮あがったら丼ご飯の上に載せるのだが、この店のやり方は少し違う。出汁で煮た鶏肉だけを先に丼ご飯に載せ、残った煮汁を卵でとじ、それを鶏肉の上から回しかけるという、二段階法。

その方法によるものなのかどうかはわからないが、鶏肉と卵、親子がそれぞれの持ち味を生かしながら、混然一体となる。食べればきっと納得。日本一の味。

「大市《だいいち》」ですっぽん料理にうなる

京都と言えば京料理。舌の肥えた京都の旦那衆は毎晩のように、あっさりとした京料理を食べているのでは、と思われがちだが、存外そんなことはなくて、肉や中華などのこってりした料理を好んで食べているようだ。

中で一番人気はといえば、すっぽん料理。それも老舗「大市」の丸鍋に限るとは旦那衆の一致した意見。

かつては遊郭で賑わった西陣の一角に建つ「大市」は元禄《げんろく》年間の創業。爾来三百三十年もの長きにわたり、すっぽん料理一筋で歴史を重ねてきた。その歴史が染み込んだ丸鍋は、滋養という言葉がぴたりとはまる深い味わい。「大市」の料理は、その丸鍋をメインとし、先付とすっぽん雑炊、水菓子が付くコースのみという潔さ。

決して安価とは言えないが、ここでしか味わえない妙なる味わいを求めて、旦那衆は足しげく通う。

冬場の丸鍋もいいが、〈できる〉人は真夏に丸鍋をつつき、猛暑を乗り切る。

「大市」のコースは、１名24000円
（税込・サ込）

「先斗町《ぽんとちょう》ますだ」で本物のおばんざいを味わう

京都には〈おばんざい〉という格別のご馳走があるらしい。そう思われている方が少なくないようで、京都に行ったら必ず

司馬遼太郎も通ったという「ますだ」

〈おばんざい〉を食べなきゃ、となるらしい。しかしながら本来〈おばんざい〉というものは、家庭で食べる質素なおかずで、お金を払って店で食べるものではないのだが。

言葉は生きものなので、時代とともにその意味合いが変わっても当然なのだろう。「先斗町ますだ」の初代女将だった増田好《たか》さんは、――〈おばんざい〉ではなく酒の肴――だと店の料理を言い表していたが、三代目当主は〈おばんざい〉というふうに言われても否定しない。料理も店の空気も、初代女将のころから何ら変わることなく、連綿と続いているのだが。

カウンターの上にずらりと並ぶ大皿や大鉢には、昔ながらの〈おばんざい〉が盛られ、それを眺めながら杯を傾ける。京都に伝わるほんまもんの味を堪能できる店。〈できる〉人は〈おばんざい〉バイキングなどには食指を動かさないのである。

「ガーネッシュ」で京のカレーを食らう

今でも京都人は平安貴族のように、あっさりした薄味の料理を好むと思われがちだが、実際はこってりした濃い味を好んで食べる京都人のほうが圧倒的に多い。

その証であるかのように、京都にはカレー専門店が多く、それぞれがその旨さと辛さを競い合い、どの店にも常連客がつき、いつも賑わっている。

カレーうどん、カレーラーメンなどの変化球もあるが、やはり直球ともいえるカレーライスの魅力は際立っている。

何軒かおすすめのカレー専門店がある中で、〈できる〉人が選ぶだろう店は「ガーネッシュ」。三条通の室町近くにあって、近隣のオフィスレディーや、遠方からはるばるやってくるカレーフリークに人気の店。

ガーネッシュのカキフライカレー。800円（税込）

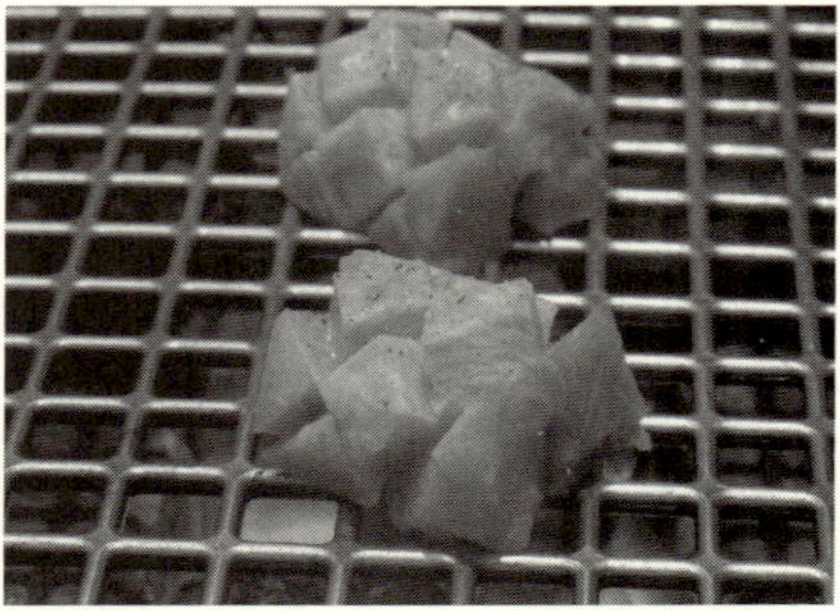

「天壇 祇園本店」の３階は他フロアと別メニュー

とかくカレー専門店は、せわしさや狭さが目につくが、この店にはいつもゆったりした空気が流れ、落ち着いてカレーを味わえるのが嬉しい。

王道をゆく欧風カレーに舌鼓を打ち、食後のチャイをゆっくりと味わう。そんな愉しみ方ができる「ガーネッシュ」は、優美で京都らしいカレー専門店。

「天壇《てんだん》 祇園本店《ぎおんほんてん》ロイヤルフロア」で京焼肉の頂点を知る

京都で食べる牛肉は美味しい。誰もがそう思う。それにはいくつか理由があって、ひとつは地理的優位性。銘牛の産地で知られる但馬《たじま》、近江、松阪を線で結ぶと、ちょうどその三角形の真ん中に京都がある。これをして僕は「銘牛トライアングル」と名付けた。もうひとつは京都人のハイカラ好き。肉食が解禁になるやいなや、すき焼きやビフテキなどを供する料理屋が他の地方に先んじてできたのは京の街。

京都の位置、性格が相まって、京都で美味しい牛肉が食べられるようになった。中でも焼肉店のレベルは全国屈指。新旧織り交ぜて何軒もの人気焼肉店がしのぎを削っている中で、先駆者でありながら、今もトップクラスの人気を保ち続けているのが「天壇 祇園本店」。「南座」の南、川端通に面して建つビルに京の焼肉好きが集う。

その頂を極めるのが三階のロイヤルフロア。設え、料理、もてなし、どれもが最上級。開店当初からの名物ともいえる〈黄金のタレ〉を付けて食べると、この店でしか味わえない焼肉に、誰もが満ち足りてふくよかな笑顔になる。

「下鴨茶寮《しもがもさりょう》」で新たな料亭文化を愉しむ

安政三（一八五六）年創業という老舗料亭ながら、一番新しい料亭ともいえるのが「下鴨茶寮」。その名のとおり、世界文化遺産のひとつである「下鴨神社」のすぐ傍で暖簾を上げている。

一番新しい、と書いたのは、経営者が交代してまだ間がないからだ。割烹と違って料亭を作るのは容易《たやす》いことではない。雨後の筍《たけのこ》のように、近年の京都には次々と新しい割烹が

「下鴨茶寮」外観

生まれるが、真っ当な料亭は長く新規開業の声を聞かない。

建築、庭園、普請、設えなどなど、伝統に基づく店造りには、膨大な時間、費用を要する。老舗料亭という器をそのまま引き継ぎ、料理を一新した「下鴨茶寮」は古くて新しい料亭だ。

高野川の流れと、その背後にそびえる東山を借景に、格調高い設えの座敷で食べる懐石料理は、京料理の伝統を踏まえながら、常に新しい試みを取り入れ、京都で食事をする醍醐味を存分に味わわせてくれる。

「音戸《おんど》山山荘《やまさんそう》 畑善《はたぜん》」で隠れ家懐石を味わう

たとえば春爛漫の候。夕飯をとろうとして、ホテルからタクシーに乗りこむ。祇園へ、と行先を告げたとして、何ほどの意外性もないが、鳴滝《なるたき》へ、と告げようものなら、たいていの同伴者は驚く。
四条烏丸辺りからだと二十分ほどはかかる山の中。高級住宅街の最奥でタクシーを降りれば、その驚きは倍加する。「音戸山山荘 畑善」は知る人ぞ知る隠れ家料亭。

ガラス越しに見事な風景が広がる「畑善」

広い庭を通り抜け玄関を潜ると、豪邸然とした洋間にテーブルが置かれ、窓の外には枝垂れ桜が薄明かりに照らされている。そして出てくる料理は純然たる懐石料理。
昭和十三（一九三八）年創業という長い歴史を持つ「畑善」が、ここ音戸山に場所を移したのは平成十三（二〇〇一）年のこと。立地も店の有りようも意外の連続だが、料理は至極真っ当な京料理。吟味した食材を熟達の技で調理し、季節の移ろいを描きだした料理を洗練された器に盛る。贅沢な時間がゆるゆると流れる店。
〈できる〉人なら、祇園ばかりでなく、こんな店に足を運びたいもの。

「点邑《てんゆう》」で京都の天ぷら懐石を愉しむ

京都で天ぷら。似合っているような、似合っていないような。

鮨、鰻とともに江戸が本家ではあるものの、そこは雅の街京都。独自の感性で京都ならではの天ぷらを育ててきた。

店の名は「点邑」。日本一の名旅館「俵屋」がプロデュースする、唯一無二の食事処である。御幸町《ごこうまち》から麩屋町《ふやちょう》へ移転して、料理もさらにパワーアップし、「俵屋」ゆずりのもてなしぶりもすこぶる健在。

「俵屋旅館」ゆずりのおもてなしを「点邑」で味わう

夜は〈てんぷらコース〉の他に〈懐石てんぷら〉もあり、おすすめはこちら。初夏なら鮎、夏の盛りには鱧《はも》、冬は蟹《かに》や河豚《ふぐ》など。旬の味覚を満喫し、揚げ立て天ぷらとの競演を愉しめる。「俵屋」に泊まらずとも「俵屋」イズムの片鱗をうかがい知ることができるのも嬉しい店。

昼は手軽な〈点心天ぷら〉や〈てんぷらどんぶり〉もあるが、〈天巻〉を持ち帰って、野で食べるのもいい。京都で天ぷら。意外性も〈できる〉人の条件。

「喫茶チロル」で京の喫茶店文化を垣間見る

カフェ全盛の今日にあっても、京都に似合うのは、なんといっても喫茶店。軽やかなリズムを奏でるカフェに比べて、いくらか重い空気を漂わせるのが喫茶店。

「チロル」の入口

よく知られた「イノダコーヒ」がその典型だが、京都の喫茶店はただお茶を飲むだけではなく、しっかりとランチを愉しめるのが最大の特徴。

世界遺産に登録されている「二条城」近くにある「喫茶チロル」の洋食は、専門店に優るとも劣ることなく、長く都人から愛され続けている。

〈とんかつ〉〈からあげ〉〈ハンバーグ〉などの定食類はどれを食べても手作りならではの味が感じられる。「喫茶チロル」の名物とも言える〈特製カレー〉はトッピングのバリエーションも豊富で、選ぶのに難渋するほど。

一番のおすすめは〈カレースパゲティ　目玉焼きのせ〉だ。他ではあまり見かけないメニューだが、これが旨いうえにボリュームも満点。しかもリーズナブル。京都のランチタイムはまず喫茶店へ。これが京都通の常道だ。

「鳥初鴨川《とりはつかもがわ》」で京の鶏鍋を味わう

京都は盆地であるとともに、山里でもある。南を除いて、東、北、西と進むごとに傾斜がきつくなり、いつしか山里の様相を呈するに至る。そこに住まう人たちは少しばかりの畑を耕し、庭で鶏を飼い、客人を招いたときのご馳走にする。京都人が鶏肉に慣れ親しんできた所以である。

家庭での鶏肉のご馳走といえば、なんといってもすき焼き。水だきはプロにまかせて店に出向く。

鶏好きの都人が贔屓にするのは、〈鳥の水だき〉ひと筋の「鳥初鴨川」。木屋町の高辻《たかつじ》を上ったところにあり、店は鴨川に面して建っているので、初夏から初秋までは床店でも味わえる。同じようなメニューを出す店が市内に何軒かあるが、価格も値ごろで、滋味豊かなスープの深い味が秀逸な「鳥初鴨川」は地元京都人の支持が最も厚い店。

余計な料理はまったくなし。シンプルな〈鳥の水だき〉だけを味わい尽くす。

「鳥初鴨川」は、大正10年の創業以来、変わらぬ味を守る

「松乃鰻寮《まつのまんりょう》」で民藝建築と鰻のコラボを愉しむ

叡山《えいざん》電鉄鞍馬《くらま》線といえば、洛中と鞍馬を結ぶ路線で、鄙びた山里を縫うように走る電車で人気を集めている。その途上に木野《きの》という小さな駅があり、そこから歩いて数分のところに建つ「松乃鰻寮」は、どっし

「鰻」ののれんがかかる立派な門構え

りした民藝建築の屋敷で、江戸風の鰻がゆったりと味わえることから、隠れた人気を呼んでいる。

京都は柳 宗悦《やなぎむねよし》が唱えた民藝運動が盛んな街だったせいで、その足跡があちこちに残されていて、「河井寛次郎記念館」と並んで、この「松乃鰻寮」はその代表的建築。

安っぽい民芸風と一線を画す本格民藝建築は、さながら生きた美術館。その中で鰻料理を堪能できるのは何にも増しての贅沢。

夜でもいいが、おすすめは昼。心地よい洛北の風が通り抜ける座敷で、昼酒を片手にして、ふわりととろける〈うな重〉に舌鼓を打つ。もしくは名物〈うスープ〉の付いた〈うなべ〉をじっくりと味わう。

洛中のみが京都にあらず。洛北の山里でひと味違う昼どきを愉しむ。

「モリタ屋《や》木《き》屋《や》町《まち》店」の川床ですき焼きを愉しむ

「モリタ屋木屋町店」で京都らしいすき焼きを

かつては盛夏だけだったが、近年は五月から九月ころまでの長丁場になった鴨川の床店。川風が吹き渡るとはいうものの、真夏の洛中は夜になっても気温が下がらず、エアコンに慣れた身には少々辛いものがある。おすすめは五月と九月。

同じ川床と書いて、鴨川は〈かわゆか〉、洛北貴船川のそれは〈かわどこ〉と読む。街なかに比べて気温が低い貴船は、清流の上に床を設えるせいもあって、真夏でも涼しく床店を愉しめる。

貴船の床店はたいていが川魚を中心とした会席料理だが、鴨川のそれは百花繚乱。日本料理だけでなく、エスニック、洋食、中華料理など、さまざまなジャンルの食を味わえる。

せっかくの屋外。野趣あふれるすき焼きなどはいかがだろ

現在の「本家 尾張屋」の建物は明治の始めごろの木造建築

うか。京都肉を使うことで知られる「モリタ屋木屋町店」は、京都らしいすき焼きを、鴨川の風に吹かれながら、比較的手ごろな価格で味わえる。川床ですき焼き。乙なものである。

「本家《ほんけ》 尾《お》張屋《わりや》」で本物の老舗を知る

――昭和三十五年創業の老舗料亭――　などというテレビ番組での店紹介を聞くにつけ、老舗という言葉がイメージだけで語られることに驚くとともに落胆を禁じ得ない。

他の地域ではともかくも、京都では創業百年を数えないと老舗とは呼ばれない。それもしかし最低限のことであって、

――うちはたかだか二百年ですさかい、老舗てな大それたことは言えしまへん――

和菓子屋の主人はそんなことを言う。

烏丸御池近くで暖簾を上げる「本家 尾張屋」の創業は寛正《かんしょう》六（一四六五）年というから、応仁の乱の前々年のこと。尾張国から京に出てきた和菓子屋が前身。今では押しも押されもせぬ老舗蕎麦屋。五百年をゆうに超えて、京で商いを続けてきた店だが、店の名に〈京〉を冠しないところが奥ゆかしい。

名物〈宝来そば〉は五段重に盛られた〈わりご蕎麦〉。これも旨いが、シンプルな〈かけそば〉を食べるとこの店の真価がわかる。老舗ならではの深い味わい。

「辻留《つじとめ》」の弁当を鴨川で食べる

京都には仕出し文化とでも言うべき食の形態がある。料理屋ではあるが客席を持たず、注文先へ料理を届けたり、あるいはその場で作る。出前と大きく異なるのはその部分。出張料理という言葉がふさわしい場合が多い。

この仕出し文化が発達したのは、ひとえに茶の湯のおかげであり、お茶席での茶懐石は多くが仕出しという形で行われてきた。

茶道三千家にはそれぞれ御用達の店があり、裏千家では「辻留」がその任を担う。

「辻留」の春限定の『花見弁当』は5400円（税込）

真の茶懐石、京都で一度は味わってみたいものの、「辻留」の京都店は客席を持たないので、その料理を味わえるのは極めて限られた機会しかない。

しかしながら、そのエッセンスだけなら弁当という形で味わえる。事前に予約をしておき、東山三条近くの店まで取りに行く。それを携えて鴨川堤や白川畔、円山公園などで包みを解く。

野にあって京料理の真髄に触れる。〈できる〉人には恰好の持ち札である。

「いづ重《じゅう》」で京寿司を愛でて食べる

祇園石段下にあって、誠実な商いを続けてきた「いづ重」は、たどってきた歴史そのままを寿司という形で表現する、京都になくてはならない〈京寿司〉の店。

上箱寿司

鯖寿司

作ってから時間を置いて食べる〈熟《な》れ寿司〉を発祥とする関西の寿司は、〈早寿司〉という形で江戸前握りを考案した江戸と異なり、ネタと酢飯を合わせ、熟成させることで旨みを引き出す寿司。

箱寿司、棒寿司、巻寿司など、江戸前握りに比べて酢飯の占める割合が多く、食べ応えがあるせいで、見た目より食後の満足度が高い。

店で食べる客と、持ち帰りの客はおおむね半々。店で食べるなら〈鯖寿司〉と〈巻寿司〉の盛り合わせ、〈鯖巻〉がおすすめ。京寿司の真髄が味わえる。持ち帰りなら断然〈上箱寿司〉がいい。

季節によって変わることもあるが、海老、鯛、卵、穴子などのネタが市松模様に並べられ、見て美しく食べて美味しい。はんなりした味わいがいかにも京都。

「十二段家《じゅうにだんや》 本店《ほんてん》」で元祖しゃぶしゃぶを知る

今でこそ誰もが知る鍋料理となった〈しゃぶしゃぶ〉だが、その歴史はさほど古いものではない。諸説あるものの、京都祇園にある「十二段家」が戦後二年経ったころに〈牛肉の水炊き〉と呼んでメニューに載せたのが始まりとされる。

四条花見小路を下り、二筋目を東に入った辺りにある「十二段家 本店」では、今も創業当時と変わらぬ味を堪能できる。

洛北の「松乃鰻寮」と同じく、京都における民藝運動ゆかりの店である関係で、民藝運動に強く関わっていた祖父に連れられて、子どものころから何度も通うという贅沢な経験をさせてもらった。

しゃぶしゃぶコースの最初に出される前菜は、古伊万里《こいまり》蛸唐草《たこからくさ》の大皿に盛り合わせられていて、これも愉しみのひとつ。甘さを排したゴマダレは創業者創案と言われ、唯一無二の旨さである。

「十二段家 本店」の店内

祇園の細道に佇む、古式ゆかしい隠れ家店で過ごすひとときは贅沢そのもの。

「天龍寺篩月《てんりゅうじしげつ》」で精進料理を味わう

「篩月」は、一汁五菜3000円（税込）より。別途庭園参拝料500円が必要

京都ではにわかに精進料理ブームが起きている。京都の名だたる料理店が結集し、京料理の礎を築いた精進料理にスポットを当て、その成り立ちを紐解く講演会を開いたり、精進料理を店のメニューに取り込んだりしている。

今さら何を、と思わぬでもないが、高級食材ばかりを持て囃していたころに比べればはるかにましだ。赤いガイドブックの星欲しさに、やれフカヒレだ、トリュフだ、フォアグラだと、京料理の本質から逸脱した食材を並べ立てていたのは誰だっけ、という意地悪は言わずにおこう。限られた食材をどう生かし、健康を損ねることもなく、かつ美味しい料理に仕立てるか。

その寺方の工夫は長年にわたる努力の賜物。その片鱗をうかがい知ることができる「篩月」は「天龍寺」の境内にあって、真っ当な精進料理を食べられる店。

生臭ものを一切排した料理は、どんなに味気ないものかと思いきや、これが実は真底旨いのである。食べてみればわかる。美食の源は素食にある。

「東華菜館《とうかさいかん》」で洋館中華を愉しむ

京町家がブームになったせいで、京都の古い家はすべてが日本建築だと思われがちだが、由緒正しい洋風建築も多く残されていて、それを商業施設にして活用しているところも少なくない。

その元祖的存在が、四条大橋の西南に建つ「東華菜館」。ヴォーリズの建築と言われ、店の内外でその片鱗をうかがい知ることができる。

まずは四条通に面した入口をよく観てみると、さまざまに凝った意匠が施され、訪れた客の目を愉しませる。店に入って驚かされるのが、古式ゆかしいエレベーター。レストランの中にあって現役のものとしては日本最古と言われている。

1924年製造の手動式エレベーター

今どきのレトロもどきと違い、本格的な洋館建築のインテリアにふさわしい北京料理が「東華菜館」の持ち味。古き良き佇まい、古き良き中華料理。これが鴨川をはさんで、「南座」と向かい合っているのだから、京都というのは不思議な街だ。

きわめてオーソドックスな中華料理は万人に向く味。

「鳥新《とりしん》」で龍馬ゆかりの親子丼を食べる

坂本龍馬ゆかりの場所やモノは、京都中にたくさんある。

危うく難を逃れた、伏見の寺田屋をはじめ、ついに暗殺された近江屋。中岡慎太郎と並ぶ像が建つ円山公園、墓地である霊山護《りょうぜんご》国《こく》神社。多くの龍馬ファンでいつも賑わいを見せ、記念撮影する姿は絶えることがない。

その龍馬。暗殺される原因ともなったのが鶏鍋。体力をつけるべく、鶏鍋を食べようとし、身の回りの世話をしていた菊屋峰吉に、鶏肉を買いに行かせた間に襲われたと言う。

この史実をアレンジし、龍馬ゆかりの鶏鍋を謳い文句に、鶏の水炊きを供する店が木屋町沿いにあるが、実際に峰吉が鶏肉を購入した店は、当時、四条小橋の東南角にあり、現在は縄手通新橋に店を構える「鳥新」と伝わる。すき焼き風に味付けして、溶き卵を付けて食べるのが龍馬流鶏鍋。その名残とも言える「鳥新」の親子丼が、

「鳥新」の名物・親子丼

すこぶる旨い。

「祇をんう桶《おけ》やう」で鰻を満喫する

東と西で調理法が異なる料理に鰻や鮨、天ぷらがあり、どちらかと言えば東が好まれるようだ。

主にごま油を使ってしっかり揚げる天ぷら。ひと仕事ほどこした江戸前握り。そしてふわりとやわらかい鰻。

桶に入った鰻の迫力

その鰻。意外なことに京都では、背開きし、蒸しを入れて焼く関東風の蒲焼を出す店が多い。名刹「建仁寺」のほど近く、狭い路地に暖簾をあげる「祇をん う桶や う」もそんな一軒。
店の名が示すとおり、この店の名物は〈う桶〉。鰻重の桶版だと思えばいい。
木造りの手桶にタレの染みたご飯が敷き詰められ、それを覆い尽くすように鰻の蒲焼が載るさまは圧巻。
鰻重を食べるとき、松竹梅のどれにするか迷う人は多い。そんな迷いをあざ笑うような〈う桶〉。胸をたかぶらせながら、京の鰻を満喫するのも一興。

「宮川町《みやがわちょう》 さか」で花街フレンチを愉しむ

京都五花街のひとつである宮川町は、近年になって石畳も整備され、より一層艶やかな界隈となった。

松原通から宮川町通を北へ上り、最初の細い筋を東に入る。お茶屋から三味線の音が聞こえてきて、京都らしい風情漂う界隈である。

しっとりと艶っぽい町家が続き、そのうちの一軒に「宮川町 さか」の暖簾があがっている。初めてだと入るのにいくらかの勇気が要る。

「宮川町 さか」の独創的な料理

だが、典型的な鰻の寝床スタイルの店に入ってしまえば、いつも笑顔の大将が迎えてくれ、気やすい雰囲気に包まれながら、奥に伸びるカウンター席で、ゆっくりと花街フレンチとでも呼びたくなるような料理を味わえる。

大将と掛け合いながら料理を選ぶもよし。二階に上がって座敷でしっぽりやるのもいい。

フレンチとイタリアン、さらには和食のエッセンスも加えた料理は独自のスタイルを築いていて、ここでしか味わえない。

「建仁寺《けんにんじ》 祇園丸山《ぎおんまるやま》」の八寸《はっすん》にため息を吐く

「建仁寺 祇園丸山」の美しい料理

京都祇園。そこはサンクチュアリと言ってもいいほどに、特別な空間。ただ五花街のひとつというだけでなく、雅な京都を象徴する時空を越えたエリアだ。贅を尽くした〈食〉も相俟《あいま》って、錦織りなす〈遊〉はこの地に極まる。

一方で、そこに隣り合って「建仁寺」という、類稀な禅寺が建っている。静謐《せいひつ》な空間の中で、あらゆるものを削ぎ落とし、自己と向き合う。当然のことながら〈食〉も最低限。懐に温めた石を抱いて空腹を癒したことから、懐石料理が生まれたのは知られた話。

〈遊〉と〈禅〉は表裏一体を成すことを教えてくれるのが「建仁寺 祇園丸山」。〈八寸〉にその気配が色濃く漂う。

雅に偏ることなく、懐石を旨としながら、そこに〈物語〉を潜ませる。それを解することから〈食〉の愉しみが始まる。〈知〉と〈味〉を同時に愉しめるのは、この店をおいて他にない。妙なる調べが聞こえてきそうで、涙が出るほど美しい〈八寸〉。

「上賀茂《かみがも》 秋山《あきやま》」で鄙と雅の境界線を味わう

「上賀茂神社」から東に延びる道を真っすぐ進み、「大田神社」を通り過ぎ、さらに東へ。突き当たりを左にとってすぐ右手。山裾に数段の石段があり、その奥の門に「上賀茂御料理《かみがもおりょうり》 秋山《あきやま》」と木の看板が掛かっている。いかにも市中の山居といった趣。

門を潜って引き戸を開けて店に入る。右手が囲炉裏を備えた待合になっていて、ここで迎えのお茶が出される。しんと静まり返った土間の、小さな窓から鳥のさえずりが聞こえてくる。

洛北上賀茂は鄙の地である。お茶を飲んでしばらく経って案内されるカウンターで、次々と出てくる料理を食べる度に、客はその思いを強くする。なぜ、これほどの人気店が華やかな祇園ではなく、この地、上賀茂にあるのか。その答えは、素にして実直な料理の中に潜んでいる。似たような店など決して他にはない。市街地の北の端とも言える場所なればこその料理。ひと月前の予約開始を待って、電話をかけ続ける価値はある。

「上賀茂 秋山」のカウンター席

名旅館「近又《きんまた》」で食事する

錦市場近くにある「近又」。国の登録有形文化財に指定された旅館の玄関を潜り、そのまま奥へ進むとテーブル席が広がっている。このテーブル席なら昼は五千円、夜でも一万円から、季節感溢れる京都ならではの懐石料理が食べられる。

泊まらなければ旅館で食事できないと思っている向きはきっと多いはず。旅館の食事というものは、独特の魅力を秘めている。料亭のようでもあるが、設えや調度に見るべ

「近又」の歴史ある建物

きものも多く、古くからある日本旅館に泊まって、一番の愉しみは朝夕の料理だったりする。それを泊まらずとも食べられるのだから、なんとも嬉しい話。

　歴史ある日本旅館。料理そのものはもちろん、季節の表現、器の遣い方など、老舗旅館ならではの食事が愉しめる。錦市場に近いという地の利を生かし、磨き抜かれた熟練の技で調理する料理のみならず、館内の設えの素晴らしさにも必ず目を向けたい。庭の造り、床の間の設え、正しく京都の伝統を引き継いだ空間で、心を砕いた食を味わえるのは贅沢の極み。

「はふう聖護《しょうご》院《いん》」で肉を食らう

とにかく肉。肉が食べたい、と思ったら、この店に行けば、必ずや満足する。それが

「はふう聖護院」。

店の母体が精肉店だから、肉質の良さは保証付き。特に産地にこだわることなく、その時に応じたベストな肉を選んでいるようだ。調理法ももちろん大切なことだが、セレクション、そして管理によって、肉の旨さは決まる。

ステーキが名物。焼き加減の好みは千差万別だろうが、やはりミディアムレア辺りが、肉の旨みをダイレクトに味わうには一番だ。

芳《かんば》しいガーリックスライスと一緒に口に運べば、肉汁が舌に染み込み、野味と洗練のバランスが絶妙に取れた、牛肉の旨みを存分に味わえる。ワインにも合うが、ご飯によく合うのも嬉しい。ご飯に肉を載せてかき込むと、日本に生まれてよかったと、しみじみ思う。

もうひとつの名物〈カツサンド〉はぜひテイクアウトしたい。分厚い肉が実に美味しい。

旨い肉を食べ尽くす店、それが「はふう」。

「はふう聖護院」のおすすめはステーキ

春巻き。あっさり、しっかり中華

「竹香《たけか》」で花街中華を愉しむ

花街洋食があれば、当然のごとく花街中華もある。というよりはむしろ〈京都中華〉と呼ぶほうがふさわしいのだろうが。断じて〈和風中華〉ではない。至極真っ当な中華料理なのだが、京都人、とりわけ花街に出入りするような女性にも、抵抗なく食べてもらえるように、ひと手間加えた中華料理の店は、かつて京都市内のあちこちにあった。

「大三元」だとか「平安楼」などという店を懐かしむのは、ただのノスタルジーにすぎないのかもしれないが。

後継者難が主な原因だと思うが、誇るべき〈京都中華〉は絶滅危惧種に指定したいほど。祇園新橋で長く続く「竹香」などはいつまでも続いてほしい店の代表。

焼き飯や焼きそば、焼売《しゅうまい》、春巻き、酢豚などなど、普通の中華が美味しい。ニンニクやラードを使わず、あっさりと仕上げながらも、そこは中華。しっかりとした食べ応えをあとに残す。和食よりも〈和〉を感じさせる中華をぜひ一度。

「吉膳《よしぜん》」で割烹料理を堪能する

高台寺近く「吉膳」の趣ある店内

祇園には割烹料理店がひしめき合っている。

古くからの老舗もあれば、まだ二十代という若い主人が営む店もある。前者は安定感があるが、新鮮な驚きは与えてくれない。後者はその逆で、勢い余って危なっかしい様子も、まま見受けられる。

中堅からベテランの域に差し掛かろうか、というあたりの主人がちょうど頃合い。

祇園下河原にあって、繊細で丁寧な仕事ぶりで定評がある「吉膳」などがその典型。二階の窓に嵌《は》め込まれたステンドグラスを眺めながら店に入ると、磨き抜かれた白木のカウンターが目に入り、その向こうに立つ主人が柔和な笑顔で客を迎え入れる。

おまかせコース。〈前菜五品〉から始まり、〈椀物〉、趣向を凝らした〈造り〉、〈焼き物〉と続き、名物〈お凌ぎおこわ蒸し〉へと流れる料理は、しみじみと味わい深い。祇園で割烹料理となれば、まずは「吉膳」をおすすめしたい。

「燕《えん》」で終電ぎりぎりまで京の味を愉しむ

京都で美味しいものを食べるなら、まずはこの店に行くべし。そう断言できるのが「燕 en」。JR京都駅の八条口から歩いて三分ほどのところにある。

おまかせ料理全盛の京都にあって、好きなものを好きなように食べられる、アラカルト主体の割烹店は今や貴重な存在。

小体な店にはカウンター席とふたり掛けのテーブル席がふたつだけ。本当に料理が好きな客だけが集うので、気持ちよく過ごせる。

オーソドックスな料理から、独創的な料理まで、季節の食材を使ったあれこれを品書きの中から選ぶ愉しみを存分に味わえる。夏場の鮎、冬のもろこなどの焼き物も秀逸で、三ツ星料亭に勝るとも劣らない。京都ならではのビフカツ、冬の牡蠣フライ、秋の松茸フライなどの揚げ物もあって、ワインにも日本酒にもよく合う料理。

店の前からは新幹線のホームが見え、終電ギリギリまで京の味を愉しめる。

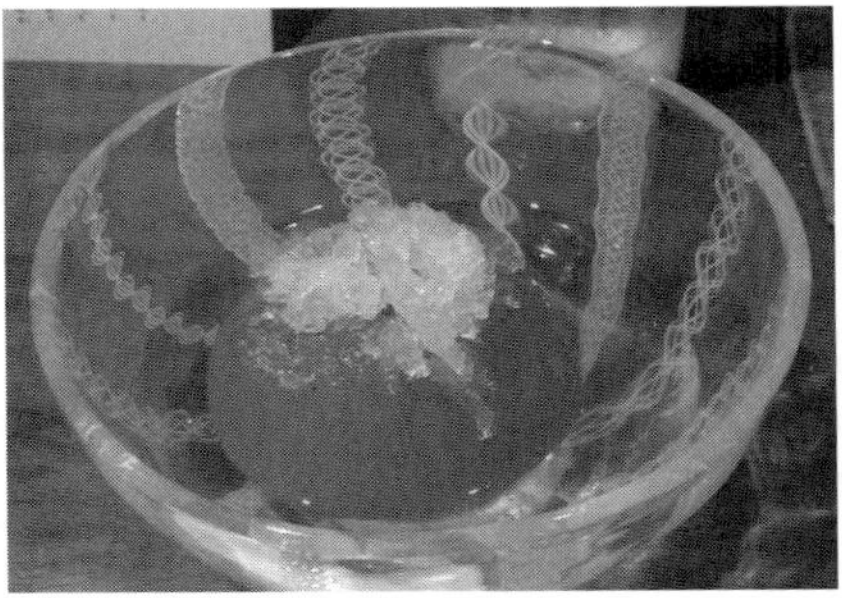

「燕 en」の夏のトマト料理

「ますや」でオムライスをしみじみ味わう

そこが小体な店であって、夫婦らしきふたりの男女で商っているようなら、間違いなくそこは美味しい料理が出てきて、居心地のいい店のはず。それは、長年京都で食べ歩いてきた僕の経験則だ。

そしてもうひとつ。目立つ場所にないことも。小さな店。夫婦ふたり。目立たない場所。さらに長く続いていて、地元の人から愛されている店。これだけ揃えば間違いない。

高倉通の高辻を下った辺りに「ますや」という小さな

食堂があり、ここはその条件をすべて満たしている。五人も座れば満席になるような、小さなL字型のカウンター席のみ。そのカウンターの内側に設えられたキッチンで、主人が料理を作り、奥さんがサーブする。息がぴったり合った手際の良さに見とれているうち、注文したオムライスが出る。

きっちり卵が巻かれた熱々のオムライスはしみじみ美味しい。目の前で丁寧に作られたそれは四百五十円。こんな良心的な店は消え行くいっぽう。〈できる〉人はこういう店も知っている。

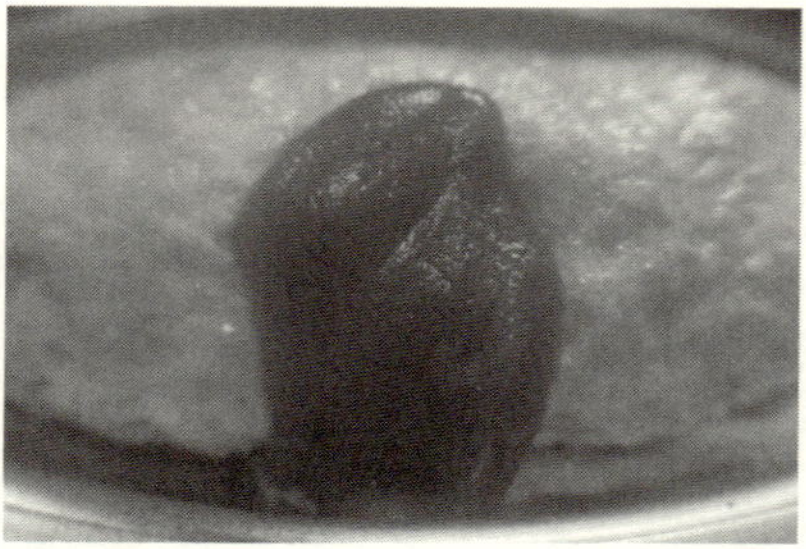

オムライスだけでなく、カレー、ヤキメシなども450円（税別）と良心的な「ますや」

「のらくろ」のトルコライスに昭和の味を知る

世界文化遺産の「下鴨神社」近くにあって、地元京都人から長く愛されているのが「のらくろ」。典型的な街の洋食屋さん。

小体とは言えない席数を持つが、目立たない場所にあって、夫婦ふたりだけで商う。いい店の条件を備えている。

ハンバーグやエビフライなどを盛り合わせたA定食、B定食といった洋食組み合わせも美味しい店だが、ここの名物ともいえるのが〈トルコライス〉。長崎のご当地グルメとして知られる〈トルコライス〉とは、名前は同じでも内容は異なる。ケチャップライスの上に、ひと口カツの卵とじが載り、上からドミグラスソースがかかるといった、いわば洋風カツ丼。

「のらくろ」名物トルコライス

昭和九年の創業。代々受け継がれてきた味わいに、どれほど多くの都人が癒されてきたか。このひと皿ですべてがわかる。

「六波羅飯店《ろくはらはんてん》」のカレーラーメンに驚く

少しはそのイメージが薄れてきたかと思うが、いまだに

「六波羅飯店」のカレーラーメン

〈京都薄味好み〉説を信じ込んでいる向きがある。

　京料理に代表される繊細な料理と味わいがそう思わせているのだろうが、京都人には濃い味を好む人が少なくなく、それゆえ京都はラーメン激戦区でもある。

　京都駅のすぐ東には二軒の有名ラーメン店が隣り合って人気を競い、両雄並び立つ光景を見せているし、洛北一乗寺には〈ラーメン街道〉と呼ばれる道筋がある。これらはラーメン通の間で人気が高いようで行列が絶えることはない。

　しかし京都のラーメン好きはこれらとは別の、街場に溶けこんだ店を好む。たとえば「六波羅蜜寺」近くに建つ「六波羅飯店」。いたって庶民的な中華料理店には豊富なメニューが揃い、中で僕のおすすめは〈カレーラーメン〉。これを食べれば、京都薄味説など一瞬で吹き飛ぶ。濃厚で適度に辛いカレースープと中華麺の相性は抜群。あの世とこの世の境で驚きの味に出会う。

■第三章に出てくるお店■

【御二九と八さい　はちべー】 地図〔P.249〕
住所：京都市中京区新京極四条上ル中之町577-17
電話：075-212-2261
営業時間：12:00〜14:15（入店）、17:00〜21:30（入店）
定休日：無休

【いもぼう平野家本家】 地図〔P.248〕
住所：京都市東山祇園円山公園内（八坂神社北側）
電話：075-525-0026
営業時間：11:00〜20:30（L.O. 20:00）
定休日：無休

【京串　涛々】 地図〔P.250下図〕
住所：京都市下京区七条烏丸北東角桜木町99ブーケガルニビル　1F
電話：075-354-9115
営業時間：12:00〜13:30（L.O.）、18:00〜23:00（L.O. 21:30）
定休日：不定休

【京ぎをん浜作】 地図〔P.248〕
住所：京都市東山区祇園八坂鳥居前下ル下河原町498
電話：075-561-0330
営業時間：18:00〜
定休日：水曜、毎月最終火曜

【殿田】 地図〔P.250下図〕
住所：京都市南区東九条上殿田町15
電話：075-681-1032
営業時間：11:00頃〜18:00頃
定休日：無休

【鮨まつもと】 地図〔P.248〕
住所：京都市東山区祇園町南側570-123
電話：075-531-2031
営業時間：12:00〜14:00（L.O. 13:00）、18:00〜21:00（L.O. 20:00）
定休日：火曜、水曜のランチ

【末廣】 地図〔P.252上図〕
住所：京都市中京区寺町通二条上ル要法寺前町711
電話：075-231-1363
営業時間：11:00〜19:00（売り切れしだい閉店）
定休日：月曜

【権兵衛】 地図〔P.248〕
住所：京都市東山区祇園町北側254
電話：075-561-3350
営業時間：11:30〜20:00（L.O.）
定休日：木曜

【大市】 地図〔P.250上図〕
住所：京都市上京区下長者町通千本西入六番町371
電話：075-461-1775
入店時間：12:00〜13:00（入店）、17:00〜19:30（入店）
定休日：火曜

【先斗町 ますだ】 地図〔P.248〕
住所：京都市中京区先斗町四条上ル
電話：075-221-6816
営業時間：17:00〜22:00（L.O. 21:30）
定休日：日曜

【ガーネッシュ】 地図〔P.249〕
住所：京都市中京区三条通室町西入る衣棚町59-2

電話：075-221-3537
営業時間：11:30〜15:00、18:00〜22:00（L.O. 21:30）
　　　　　日曜・祝のみ11:30〜15:00（L.O. 14:45）
定休日：不定休

【天壇　祇園本店】 地図〔P.248〕
住所：京都市東山区宮川筋１丁目225
電話：075-551-4129
営業時間：平日17:00〜24:00（L.O. 23:30）
　　　　　土日祝11:30〜24:00（L.O. 23:30）
定休日：無休

【下鴨茶寮】 地図〔P.251〕
住所：京都市左京区下鴨宮河町62
電話：075-701-5185
営業時間：11:00〜15:00（L.O. 14:00）、17:00〜21:00（L.O. 20:00）
定休日：木曜

【音戸山山荘 畑善】 地図〔P.253上図〕
住所：京都市右京区鳴滝音戸山町6-18
電話：075-462-0109
営業時間：11:30〜15:00、17:30〜21:00
定休日：火曜、第３月曜（祝日の場合は営業）

【点邑】 地図〔P.249〕
住所：京都市中京区麩屋町通三条上ル
電話：075-212-7778
営業時間：11:30〜13:30（L.O.）、17:30〜21:00（L.O.）
定休日：火曜

【喫茶チロル】 地図〔P.250上図〕
住所：京都市中京区門前町539-3

電話：075-821-3031
営業時間：6:30〜17:00
定休日：日曜祝日

【鳥初鴨川】 地図〔P.249〕
住所：京都市下京区木屋町通高辻上ル和泉屋町169
電話：075-351-1615
営業時間：17:00〜21:00（入店19:30）
定休日：日曜

【松乃鰻寮】 地図〔P.253中図〕
住所：京都市左京区岩倉木野町189
電話：075-701-1577
営業時間：12:00〜15:00、17:00〜21:00（L.O. 19:00）
定休日：不定休

【モリタ屋 木屋町店】 地図〔P.248〕
住所：京都市中京区木屋町三条上る上大阪町531
電話：075-231-5118
営業時間：平日11:30〜15:30（入店14:30） 17:00〜23:00（入店21:45）
土日祝 11:30〜23:00（入店21:45）
定休日：年末年始

【本家 尾張屋 本店】 地図〔P.250上図〕
住所：京都市中京区車屋町通二条下ル
電話：075-231-3446
営業時間：11:00〜19:00（L.O. 18:30）
定休日：１月１日、２日

【辻留】 地図〔P.248〕
住所：京都市東山区三条通大橋東入三町目16
電話：075-771-1718

予約受付時間：9:00〜18:00
定休日：無休

【いづ重】 地図〔P.248〕
住所：京都市東山区祇園町北側292-1
電話：075-561-0019
営業時間：10:30〜19:00
定休日：水曜（祝祭日の場合は翌木曜）

【十二段家 本店】 地図〔P.248〕
住所：京都市東山区祇園町570-128
電話：075-561-0213
営業時間：11:30〜13:45（L.O.）、17:00〜20:00（L.O.）
定休日：木曜、第3水曜（祝日の場合は営業）

【天龍寺 篩月】 地図〔P.252下図〕
住所：京都市右京区嵯峨天龍寺芒ノ馬場町68
電話：075-882-9725
営業時間：11:00〜14:00
定休日：無休

【東華菜館　本店】 地図〔P.248〕
住所：京都市下京区四条大橋西詰
電話：075-221-1147
営業時間：11:30〜21:30（L.O. 21:00）
定休日：無休

【鳥新】 地図〔P.248〕
住所：京都市東山区祇園縄手四条上ル
電話：075-561-1362
営業時間：17:00〜21:00
定休日：木曜

【祇をん う桶や う】 地図〔P.248〕
住所：京都市東山区祇園西花見小路四条下ル
電話：075-551-9966
営業時間：11:30～（L.O.14:00）、17:00～21:00（L.O. 20:00）
定休日：月曜（祝日の場合は翌火曜）

【宮川町 さか】 地図〔P.248〕
住所：京都市東山区宮川筋4-319-1-5
電話：075-531-1230
営業時間：12:00～（4名様より、要予約）、18:00～24:00（L.O.）
定休日：日曜日（連休時は最終曜日）

【建仁寺 祇園丸山】 地図〔P.248〕
住所：京都市東山区建仁寺南側（建仁寺正面門前から東入ル）
電話：075-561-9990
営業時間：11:00～13:30（L.O.）、17:00～19:30（L.O.）
定休日：不定休

【上賀茂御料理 秋山】 地図〔P.251〕
住所：京都市北区上賀茂岡本町58
電話：075-711-5136
営業時間：12:00～12:30（入店）、18:30～19:30（入店）
定休日：水曜、月末の木曜

【近又】 地図〔P.249〕
住所：京都市中京区御幸町四条上ル
電話：075-221-1039
営業時間：12:00～13:30（入店）、17:30～19:30（入店）
定休日：水曜

【はふう聖護院】 地図〔P.252上図〕
住所：京都市左京区聖護院山王町8

電話：075-708-8270
営業時間：11:30～14:00（L.O. 13:30）、17:30～22:00（L.O. 21:30）
定休日：火曜

【広東料理 竹香】 地図〔P.248〕
住所：京都市東山区新橋通花見小路西入ル
電話：075-561-1209
営業時間：17:00～20:20（L.O.）
定休日：火曜

【割烹 吉膳】 地図〔P.248〕
住所：京都市東山区祇園下河原高台寺北門前通東入ル鷲尾町503-14
電話：075-541-6441
営業時間：12:00～14:30（※2日前までに予約）、17:00～22:00（L.O. 20:00）
定休日：不定休

【燕 en】 地図〔P.250下図〕
住所：京都市南区東九条西山王町15-2
電話：075-691-8155
営業時間：17:30～23:00
定休日：日曜、祝日の月曜

【ますや】 地図〔P.249〕
住所：京都市下京区杉屋町265
電話：075-351-3045
営業時間：11:00～18:00（土曜～16:30）
定休日：日曜・祝日

【のらくろ】 地図〔P.251〕
住所：京都市左京区下鴨宮崎町69
電話：075-781-2040

営業時間：11:30〜14:00（L.O. 13:45）、17:30〜20:00（L.O. 19:30）
定休日：火曜、水曜

【六波羅飯店】 地図〔P.248〕
住所：京都市東山区松原通大和大路東入２丁目轆轤町90
電話：075-551-2901
営業時間：11:00〜21:00
定休日：火曜

第四章

〈できる〉人はここに泊まる

京都に泊まるということ　京都宿事情

年々そのハードルは上がる一方で、京都に泊まるということが難しくなってきている。外国人観光客を積極的に誘致したこともあり、京都の宿不足は慢性的なものになりつつある。旅館はともかく、ホテルは建設ラッシュで総客室数は右肩上がりなのだが、それを上回る需要があり、とりわけ春秋の観光シーズンなどは、ホテルが取れない、という悲鳴のような声があちこちから聞こえてくる。

ウェブ上の宿泊サイトなどを見るにつけ、いつからこんなことになったのか、と嘆かざるをえない。空室があるにはあっても、常軌を逸した価格が設定してあるのだ。いわゆる、人の足元を見る、というやり方。普段なら数千円で泊まれるビジネスホテルが、桜のころや紅葉のシーズンには三万円近くにまで跳ね上がっている。十平米にも満たない部屋なのに、である。

最も予約が取りづらいのは、頃合いのシティホテル。スタンダードツインなどは絶望的な状況だ。次がビジネスホテルのダブルルーム。そして比較的取りやすいのが外資系の超高級ホテル。

京都市がインバウンド誘致を進めるにあたって、富裕層を主たるターゲットとして設定したこともあり、近年相次いで外資系の高級ホテルがオープンした。「ハイアットリージェンシー」「ザ・リッツカールトン」「フォーシーズンズ」など。

後からできるホテルほどクラスが上がり、当然ながら価格も段違いに高くなる。最も新しい「フォーシーズンズ京都」などは、ふたりでルームチャージ十万円が平均価格帯。富裕層以外には縁のない値段だが、さすがにこの価格になると、トップシーズン以外は比較的空室があり、間際でも予約できる。お金に糸目はつけない、という向きはどうぞこちらへ。僕なら他に有効なお金の使い途を考えるだろうが。

こうなってくると、かつては高嶺の花と思い込んでいた高級日本旅館も身近に感じられるようになる。

一泊ひとりが五万円以上と聞けば、敬して遠ざけていた向きも、旅館の場合は二食付いての価格だから、食事なしの高級ホテルに比べて格安に思えてくる。おすすめの日本旅館を三軒と、ホテルの中にある旅館とでもいうべき一軒、合計四軒の旅館をご紹介しよう。

そしてホテル。〈できる〉人におすすめしたいのはビジネスホテル。

ビジネスホテルという呼称のせいか、観光旅行には不向きと思われる方もおられるだろうが、一番使い勝手がいいのがこのビジネスホテルというスタイルで、とりわけ近年のそれは、既存のシティホテルに勝るとも劣らない設備を備え、京都観光には最適と言ってもいいほどなのだ。

原稿を書くことを目的として、ほぼ毎週のように僕は京都市内のビジネスホテルに滞在している。最低でも三泊、多いときは五連泊するのだが、すべてに満足できるホテルはそう多くない。

京都市内のシティホテル、ビジネスホテル、合わせて二十軒ほども泊まり歩いてみて、ここなら間違いない、というホテルをご紹介。実際に僕が何度も泊まって、その快適さは折り紙付きというホテルだけを、厳選してご紹介しよう。

旅館でもホテルでもない宿もある。近年の宿不足を契機として、異業種から宿泊業へ参入するケースも急激に増加しているのだ。

先陣を切ったのは、町家一棟貸しというスタイル。

住人がいなくなった古い町家を改造し、数名が宿泊可能な宿として蘇らせる。京都らしい、趣ある設えと、誰にも邪魔されず、好きなように過ごせるという自由度の高さもあいまって、その人気はうなぎのぼり。女子会などの仲良しグループ数名で泊まれば、割安価格で愉しめる。

ただ、そこにスタッフがいないということは、気楽さの裏返しとして、いくばくかの不安も残る。もしものときに、どう対処すればいいか。それが気になる向きには積極的におすすめできるものではない。

京都のみならず、日本全国で急激に増加している民泊という形態の多くは、町家一棟貸しとは、比べるべくもないほどに不安だ。

京都市が厳しく目を光らせているにもかかわらず、無認可の民泊は増え続ける一方で、京都駅周辺にも、それらしき町家が目に付く。外国人観光客の人気を呼んでいるようで、大きなキャリーケースを転がしてきて、慣れない手つきで鍵を開けている姿をしばしば見かける。

夜中に大声で叫ぶ、町家の中が禁煙になっているせいか、頻繁に外で煙草を吸い、ポイ捨てするなど、近隣住民の評判は決して芳しくない。文化の違い、日本でのマナーまでを教えることも民泊の責任だととらえるべき。

宿というものは、寝所として人の命を預かる場所なのであって、その責任は決して軽くない。なればこそ旅館業法でさまざまな規制や決まりごとがあるので、それらがまったく適用されない民泊というシステムは、自己責任とならざるをえず、万が一の事態を考えれば、一部の良心的な簡易宿泊所を除いて、とてもじゃないがおすすめできるものではない。

1．日本一の旅館「俵屋《たわらや》旅館」に泊まるということ

誰が日本一と決めたのか。たぶん言いだしっぺは僕なのだが、二十年ほども言い続けてきて、今もそれは間違っていないと確信している。

宿や店に順位を付けたり星の数で格付けしたりすることは、僕が最も忌み嫌うところだが、この日本一という言葉はそれらを突き抜けたところにある。ベストワンという意味ではなく、オンリーワンとしての日本一。

別段、数を誇るわけではないが、日本旅館と呼ばれる宿に泊まった機会は数知れず。ピーク時には年間百軒を超える旅館で一夜を過ごしてきたが、「俵屋」を超えて居心地が佳い宿は、ついぞ見つけられずにいる。

では、その居心地とは何か。何がどう佳いのか、と問われても具体的に答えることがで

きない。曲がりなりにも文章を書くことを生業にしていながら、具体的に説明できないのは、何とも無様なことなのだが。

たとえば高野槙で誂《あつら》えられた湯船に浸かると、温泉の泉質がどうだとかを論じることが虚しくなり、夕餉《ゆうげ》を愉しめば、食材の産地や調理法などを論じることが馬鹿々々しくなる。あるいは寝具。いったい、どういう仕掛けをすればこれほどの安眠を得られるのか。湯浴みをし、夕食を摂り、そんな按配《あんばい》。布団に潜り込んで気づけば朝になっている。

「俵屋旅館」

したり顔で、――もてなしとは何か――、などと講釈を垂れる評論家には、この「俵屋」に泊まってから語ってもらいたいものだ。言葉のマジックや小手先だけのもてなしが、いかに無為なことかがわかるだろう。

本物というものは、実は目立たぬものだということも「俵屋」が教えてくれる。花はまるで野にあるように生けられ、調度はさりげなく館内に配され、節度ある接客は品格を保ちつつ、あくまで客にやさしく、料理もまた華美を廃し、過度な演出を避ける。ただただ滋味深い味わいだけが記憶に残る料理。数少なくなった京都のほんまもん。「俵屋」に泊まればいくつものほんまもんを感じ取れる。

2. 山の京都に泊まる――美山荘《みやまそう》

京都は広い。そう実感できるのが「美山荘」。この宿に泊まろうと思えば、ＪＲ京都駅から片道二時間近くを覚悟せねばならない。それもほとんどが山道。であるのに住所は京都市左京区。つまりは京都市内にある宿なのだ。

若狭と京の都を結ぶ山道に、花脊《はなせ》という山深い里があり、修験道の山岳寺院「峰定寺《ぶじょうじ》」を擁している。その門前にあって、宿坊として始まったのが「美山荘」。

雅な都から遠く離れ、鄙びた風情を漂わせながらも、京の奥座敷としての格式を保ち、野味あふれる料理で名高い宿。

銀閣寺の近くにあって、予約の取りづらさで知られる料理店の本家であり、そのオリジナルは「美山荘」でのみ味わえる。山里に自生する野草や近隣の農家で育てられた野菜、清流で遊ぶ川魚や、若狭《わかさ》から運ばれてきた海の幸。それらを素直に調理し遠来の客をもてなす。雅な都とは異なる料理ながら、根底に流れる精神は同じ。

鄙の地にありながら、野暮ったさは微塵も感じられず、余計なものをそぎ落とした洗練が心地いい。

「美山荘」

この宿で一夜を過ごすと、世俗《せぞく》の塵《ちり》を洗い落としてくれるような清々しい朝を迎えることができる。早めに京都観光を切り上げ、夕刻までには宿に入りたい。陽が沈み、やがて宿が闇に包まれ、静寂そのものの夜が訪れる。そんな時間の経過を感じることができる宿は、ここ「美山荘」をおいて他にはない。

3. 祇園に泊まる——祇園畑中《ぎおんはたなか》

祇園下河原。おそらく京都の中で、最も京都らしい風情を感じられる場所だろう。

「祇園畑中」

祇園祭で知られる「八坂神社」の正門である南楼門を出て、鳥居をくぐって「八坂の塔」へと続く道筋を下河原通と呼ぶ。

古く高台寺山からの流れ菊渓《きくたに》川と、音羽山からの流れ轟《とどろき》川が、この近辺で合流し、砂礫《されき》地となっていたことが語源。通りの両側には名だたる料理店が軒を並べ、近年は土産物店も店を開き、多くの旅人が行き交う通りとなっている。

その下河原通の北の端、「大谷祖廟」への参道と隣り合って建つのが「祇園畑中」。市中の山居と呼ばれるにふさわしい宿である。

数段の石段を上り、木戸門をくぐってさらに石段を上ると、格子の開き戸があり、そこから宿へと入る。

なんとも贅沢な造りの玄関を、「いったいどんな人が泊まるのだろう」と、おそるおそる覗きこむ観光客の姿をよく見かける。だが、素泊まりなら一泊ひとりで二万円ほどというリーズナブルなプランもあり、二食付きでも四万円くらいだから、場所柄から考えればさほどハードルは高くない。〈できる〉人なら、こんな宿に泊まりたい。そう思わせる日本旅館である。

4. ホテル内旅館に泊まる――佳水園《かすいえん》

今でこそ乱立している京都のシティホテルだが、かつては〈京都ホテル〉と〈都ホテル〉という両雄の独壇場だった。今はどちらも系列化され、前者は「京都ホテルオークラ」、後者は「ウェスティン都ホテル京都」と名を変えたが、そのクオリティは変わることなく、一流ホテルの名をほしいままにしている。

その「ウェスティン都ホテル京都」に「佳水園」と名付けられた和風別館があることは存外知られていない。

車寄せにタクシーを横付けし、大きなホテルに泊まるのかと思いきや、数寄屋造りの和室に泊まる。〈できる〉人ならこれくらいのサプライズは演出したい。

ホテルの七階部分に建てられた「佳水園」は、名建築家・村野藤吾の手になるもので、二十ある客室はそれぞれ六畳間から八畳間と、決して広くはない部屋だが、木々に囲まれているので開放感は群を抜いている。

ホテル内とはいえ、独立した一軒の日本旅館に見える玄関から部屋に入ると、低い天井が和室独特の落ち着きを与えてくれ、ほっこりと気持ちが和む。障子を通して木漏れ日がゆらゆら揺れる。窓を開けると鳥のさえずりが耳に心地いい。

「佳水園」には〈佳水園庭園　植治《うえじ》の庭〉と〈白砂の中庭〉とふたつの名庭があり、前者は七代目小川治兵衛の長男白楊、後者は村野藤吾が作庭したもの。

「佳水園」

ふたつの庭に加えて、〈野鳥の森・探鳥路〉と名付けられた散策路があり、ここを散歩するのも「佳水園」に泊まる愉しみのひとつである。全長八百五十メートルの山道を三十分ほどかけて歩く。市内を一望できる場所もあり、車を気にすることなく自然豊かで緩やかな山道を歩けるのは実に貴重なことである。

5. 駅のホームから見えるホテルに泊まる
――ダイワロイネットホテル京都八条口

見どころの多い京都の街を愉しむには、アクセスのいいホテルを選ぶことが極めて重要なポイントになる。まずは鉄路、そしてバス。京都中に張りめぐらされた交通網が最も密になるのは、言うまでもなくJR京都駅である。加えて京都旅の玄関口となるのも同じく京都駅。JRの新幹線、在来線、さらには伊丹空港や関西国際空港を結ぶリムジンバスも京都駅に発着場がある。すべての道は京都駅に通じる。

アクセスだけを考えれば、京都駅近くのホテルを取るのがベストとなる。

JR京都駅は北側の中央口と、南側の八条口のふたつに分かれ、その両方にホテルが何軒か建っていて、どちらがより便利かといえば、その判断は難しい。しかしながら、どちらの居心地がいいかといえば、八条口側に軍配を上げる。

中央口側は古くから開けていて、ビルや民家がびっしりと建てこんでいる。飲食店も多く、便利ではあるのだが、その分、夜間の静寂を保つのは困難。

「ダイワロイネットホテル京都八条口」の客室から見える東寺の五重塔

一方の八条口側は中央口側とは比べようもないほど、開発が遅れていて、店はまばらで夜ともなればひっそりと静まり返る。

食事や買い物は中央口側で済ませ、八条口側のホテルでゆっくり休む、というのが理想的な京都駅の泊まり方。

新幹線のホームからも見える「ダイワロイネットホテル京都八条口」が、京都駅近辺では一番のおすすめホテル。

今のところ周りに高い建物がないので、見晴らしがいいのもおすすめする理由のひとつ。とりわけ西側の烏丸通に面した部屋の高層階からは、「東寺」の五重塔を望むことができ、はるか西山の峰々まで見渡せる。

ツインはもちろんのこと、シングルでも決して狭くはないので快適に過ごせる。アクセスよし、眺望よしに加えて、スタッフの接客も心地いい。さらには朝食も充実しているとなれば、泊まらない理由が見つからない。

6. 京都の中心に泊まる——からすま京都ホテル

京都の中心といえば四条烏丸。ビジネスの中心でもあり、四方への移動もこの辺りが要になる。

地下では南北を京都市営地下鉄の烏丸線が走り、東西は阪急電鉄の京都線が走る。地下鉄は四条駅、阪急は烏丸駅と名前は異なるが、隣接していて乗り換えは至便。

地上に出れば四条通はバスが頻繁に行き来しており、東は祇園、西は嵐山方面へ行くのに好都合。四条烏丸をベースにすれば、市内観光が楽になる。

というわけで、この界隈《かいわい》も京都駅に負けず劣らず多くのホテルが林立している。場所柄その多くがビジネスホテルで、大路小路のすき間を縫うようにして建っている。

ビジネスホテルではなく、かといって大仰なシティホテルでもない。両方のいいとこ取りをしたようなホテルが「からすま京都ホテル」。烏丸通に面して建ち、「京都ホテルオークラ」のアネックス的な存在。

「からすま京都ホテル」。スーペリアダブル22㎡

近年リニューアルしたばかりの客室は快適で、過剰な設備や広さはないものの、必要にして充分なものは揃っている。

レストラン・バーは三か所。中華料理、日本料理、バー。どの店も適価で愉しめるのが嬉しい。加えてホテルの周辺には多くの飲食店がひしめき合っていて、食事には事欠かない。京都ホテル系列だからサービスは折り紙付き。それに比して宿泊費はリーズナブル。京都に住まいながら、僕がここを定宿にする所以《ゆえん》である。

京都から離れて泊まる　京都旅の裏ワザ

京都を旅するならば、何がなんでも京都に泊まらなければならない。そう決め込んでしまうと、京都旅はこれからますます遠ざかるに違いない。

宿不足が一挙に解決するはずもなければ、京都を訪れる観光客が急減することも考えにくい。観光客の数と宿の客室数を比べれば自明の理。わけても春秋のトップシーズンはますます狭き門となる。

京都の宿が取れない。これは観光産業にとって大きな打撃となる。

それを実証するデータがある。外国人観光客の京都人気に陰りが見えてきたのである。世界観光都市ランキングで首位をキープしてきた京都だが、二〇一六年は六位に急落した。

その主な理由はふたつ。ひとつは観光地のあまりの混雑ぶり。今ひとつは宿が取れないことだという。

外国人にとって、京都を旅するということは、京都に泊まるという選択肢しか思い浮かばないのだろう。宿が取れない。もしくは取れたとしても常軌を逸した金額に、京都旅を断念するしかないとなる。

街そのものの魅力がなくなったのなら、その結果を甘んじて受け入れなければいけないだろうが、宿が取れないことで京都から足が遠のくようになったのは、いかにももったいない話だ。

せっかくの京都旅を、宿が取れないからといって諦めなければならないほど悔しいことはない。そんなときの裏ワザとして、強くおすすめしているのが他府県泊まりである。ぜひとも外国人観光客にも報せてあげたい。他府県に泊まっても、京都観光は充分可能なのだと。ましてや、いくらかでも地理に通じている日本人ならなおさらのこと。

京都府というエリアは想像以上に広く、北は日本海、南は奈良県に接していて、しかし京都市以外で、京都市内観光にも使える宿があるかといえば、さほど多くない。近年、海の京都という呼び名で人気を集めている丹後地方などは、いくらか便利になったとはいえ、アクセス至便とは言い難い。単独の観光地としてとらえるのが正しく、市内を観光してから泊まりに行く、という行程は厳しいものがある。

ならば交通網が発達している他府県のほうが、圧倒的に移動しやすいという結果に至る。お隣の滋賀県、大阪府はもちろん、兵庫県とて、アクセスの良さをうまく活用すれば、京都旅の宿として充分使える。加えて、その地の持つ魅力をも併せて愉しむことができる。さらには、京都ほど宿が混みあうことがない。いいことずくめなのだ。あとは頭の切り替えだけだ。府県境などしょせん便宜上決められたもの。そう思えばフットワークは軽くなる。

実際に京都から移動して泊まり歩いたホテルの中で、自信を持っておすすめできる選りすぐりを数軒ご紹介しよう。

京都であっても、近隣府県であっても、まずは宿を確保してから京都旅のプランを練りたい。宿ありきの京都旅だということは、〈できる〉人には当然の話なのだ。

京都旅なのに、宿は京都から離れる。意外に思われるかもしれないが、首都圏と照らし合わせてみれば納得いただけるはず。

千葉県にある「東京ディズニーランド」を目的とする旅であっても、ホテルは都内。ときには東京を飛び越えて横浜のホテル泊まりということだって、よくある話。「東京ディズニーランド」から横浜のホテルまではスムーズにいって一時間強。渋滞状況によっては、バスで二時間近くかかることも決して珍しいことではない。

そういうものだと思えば、その移動時間は苦にならない。

であるなら、京都旅だって、京都を離れて他府県泊まりも充分アリなのだ。但し、そこには必然性がなければならない。ただただ京都のホテルが取れないから、京都を離れて宿を取った、というのでは情けないではないか。

無理して京都に泊まるより、このほうがよかった。そう思わせるだけの魅力がなければ、他府県泊まりはまったく意味を持たない。プラスアルファのある他府県のホテル泊まりは、新たな京都旅のスタイル。

「ホテル・アゴーラ大阪守口」の日本料理店〈こよみ〉

7. 洛南観光に最適な大阪のホテル
——ホテル・アゴーラ大阪守口《おおさかもりぐち》

車ならともかく、公共交通機関を使うとなると、宇治や伏見は少なからず移動が面倒だ。JRと京阪電鉄が競合していながら、その利便性はあまり感じられない。本数が少なかったり、乗り換えのタイミングが合わなかったりで、市内中心部からだと思いがけず時間がかかってしまう。

ならば、と気づいたのが京阪本線沿線の、大阪側駅泊まり。京都の名所へ一直線。

京阪本線の守口市駅前に建つ「ホテル・アゴーラ大阪守口」。ここからなら、紅葉の名所で知られる「東福寺」へも、世界に名を轟かせる「伏見稲荷大社」へも乗り換えなしで行ける。「下鴨神社」も鞍馬も沿線にある。あるいは宇治へ行くにも中書島《ちゅうしょじま》で乗り換えればいい。ホテルから守口市駅までは傘要らず。発想を転換すれば、洛南はおろか、京都観光に最適のホテルになる。

アクセスの良さだけでなく、京都市内のホテルにはない、このホテルでなければ味わえない愉しみもある。それはお鮨。

ホテルの四階にある日本料理店〈こよみ〉には鮨カウンターがあり、ここで出される鮨は本格江戸前ながら、大阪の空気も含ませ、唯一無二といってもいいほど。この鮨を食べるためだけに東京から訪れてもきっと後悔はしないはず。

食い倒れの街としても知られる大阪のこと。中華料理、鉄板焼、ブッフェ、ベーカリー、フレンチ。ホテルの中のレストランはどこで食べても安くて美味しい。それを愉しむのもこのホテルに泊まる醍醐味である。

8．レークビューと温泉を愉しむ——琵琶湖《びわこ》ホテル

海から遠い京都に生まれ育つと、いつしか琵琶湖が海の代わりになる。子どものころに琵琶湖で泳ぐことを海水浴と呼んでいたのは、僕だけではないはずだ。

——近江は京都の舞台裏——

「琵琶湖ホテル」。窓の外には琵琶湖が広がる

そんな名言を残したのは白洲《しらす》正子《まさこ》。舞台裏という言葉はしかし、決して軽んじる意味ではなく、舞台裏なくして表舞台は成立しないという意を込めたもの。

京近江という呼称があるように、さまざまな分野で京都と近江は一体になって発展してきたのだから、京都旅で近江に泊まるのは必然とも言える。

象徴的なのが「琵琶湖ホテル」。京都市営地下鉄の東西線はそのまま京阪京津《きょうしん》線となり、浜大津《はまおおつ》駅を終点とする。地下鉄一本で京都の中心地からたどれる浜大津の駅前に建つのが「琵琶湖ホテル」。地下鉄の京都市役所前駅から乗り換えなし、三十分足らずで着く。もしくはJR京都駅から琵琶湖線に乗ると十分で大津駅。ホテルの無料シャトルバスに乗ること五分。こちらだと十五分でホテルの玄関までたどり着ける。府県は異なるものの、京都市内の移動とまったく差はない。

全室レークビュー。琵琶湖はもちろん湖西、湖東の山々を見渡すことができ、京都市内とは異なる絶景を眺めながら過ごせる。さらにこのホテルには、露天風呂の付いた温泉大浴場があり、そこからも琵琶湖が一望できる。京都観光でくたびれた足腰を温泉で癒す。なんとも有難い天然温泉。

湯上がりには当然のことながら、近江ならではの美食。江戸前鮨をはじめとして、鉄板焼やイタリアンなど、八か所近くのレストラン・バーを備えるホテル。昼は京都、夜は近江と異なった味を愉しむこともできる。白洲正子の言葉を実感するのも〈できる〉人の京都旅。

9．近江観光も兼ねて泊まる――ホテルボストンプラザ草津《くさつ》びわ湖《こ》

他府県のホテルに泊まるときの絶対条件として、駅から近い場所にあることが挙げられる。本書でおすすめしているホテルはすべてがその条件を満たしていて、ほぼ傘要らず。JR琵琶湖線の草津駅前にある「ホテルボストンプラザ草津びわ湖」も、傘を開く間もなくチェックインできる。

JR京都駅から新快速に乗ること二十二分。ホテルは目の前だ。これは同じJR京都駅

から地下鉄の烏丸線、東西線を乗り継いで、蹴上《けあげ》にある「ウェスティン都ホテル京都」へ行くのと、ほぼ同じ所要時間。距離と時間は必ずしも比例しない。発想を転換することで、京都旅がより身近になる好例。

その名が示すとおり、レンガ色のシックな建物は、古き佳きアメリカをイメージして建てられている。二棟のうち、左側が〈サウスウィング〉と呼ばれる新館で、この中のビューバスタイプの客室を特におすすめしたい。

「ホテルボストンプラザ草津びわ湖」のビューバス

琵琶湖からは離れているので、ビューバスといっても琵琶湖が見えるわけではない。トレインビューのバスなのである。すぐそばを琵琶湖線、すなわち東海道線が通っているので、バスタブに浸かりながら、頻繁に行き交う電車や貨物列車を眺めることができる。鉄道好きの方にはぜひおすすめしたい。

ホテルにはレストランも併設されているが、草津に泊まるならぜひともおすすめしたいのが、ホテルから歩いて数分のところにある「滋味康月《じみこうげつ》」という割烹。京都で最も予約が取りづらいことで知られる「草喰《そうじき》なかひがし」で長年修業を積んだ料理人が開いた店ゆえ、その流れを汲む料理を食べることができ、かつ手ごろな価格のアラカルトが豊富に用意されているから、居酒屋遣いも可能だ。

こんなところにも、京都と近江の結びつきの強さを感じさせる。泊まった翌日は近江の古寺を巡るのもいい。京都とはまた違った表情を見せる古刹をも堪能したい。

10．海の絶景を京都旅に取り入れる──シーサイドホテル舞子《まいこ》ビラ神戸

意外性でいえば、このホテルを超えるところはない。何しろ京都旅なのに、兵庫県の明《あか》石《し》近くまで足を延ばすのだから。

ホテルの名は「シーサイドホテル舞子ビラ神戸」。明石海峡大橋の北の畔に建っている。地図を広げて、京都からの遠さに嘆息するのは早計にすぎる。山陽新幹線を使えば一時間強でホテルまでたどり着ける。

京都観光を早めの夕刻に切り上げ、新幹線に乗って西へ向かう。西明石駅で下車し、在

「シーサイドホテル舞子ビラ神戸」。バスルームからの眺め

来線に乗り換えて十分足らずでＪＲ舞子駅に着く。そこには瀬戸内の海が横たわり、巨大な橋が迎えてくれる。ホテルの部屋はオーシャンビュー。デラックスツインを張りこめば、バスルームからも橋と海を眺められる。少しばかりドレスアップして向かうのは最上階のバー「キーウエスト」。タイミングを合わせれば、橋の向こうに沈む夕陽を眺めながらのカクテルタイムを過ごせる。

京都に泊まったのでは絶対に得られない光景。このサプライズに胸を躍らせない者などいない。

なんでも揃う京都だが、雄大な海の眺めだけはない。ないものを補う。それがこのホテルに泊まる最大の眼目である。バー、隣接するレストラン、中華料理、日本料理、ブッフェレストランなど、すべてのレストランから瀬戸内海と明石海峡大橋のコラボレーションを眺められる。

夜ともなれば橋には灯りが点り、刻々とその色を変える。対岸の淡路島に目をやれば観覧車らしき明かりも見え、心浮き立つ夜景が目を愉しませてくれる。〈できる〉人はこんな宿を選ぶ。

11. 京都と縁の深い堺に泊まる——ホテル・アゴーラ リージェンシー堺《さかい》

ここまで他府県のホテル泊まりは、主にアクセスの利便性をポイントとしてきたが、ここでおすすめする「ホテル・アゴーラ リージェンシー堺」は、アクセスという観点からみればいくらか弱い。

四条烏丸を起点とすれば、阪急京都線、大阪の地下鉄堺筋線、南海本線と乗り継ぐことになり、所要時間は一時間十五分ほど。首都圏の移動に比べれば、乗り換えも極めてスムーズで、さほどの負担は感じないが、前記のホテルよりは遠く感じる。

それでもぜひにとおすすめするのは、京都と極めて関係の深い街を訪れることで、京都旅がより豊かになるからだ。

たとえば千利休。ここ堺で生まれ、やがて京の街へと移り住む。その後継者は三つの家に分かれるが、今も京都に本拠を置く。

あるいは与謝野晶子《よさのあきこ》。同じく堺に生まれ、

——清水へ 祇園をよぎる 桜月夜 こよひ逢ふ人 みな美しき——

祇園を、京都をこよなく愛し、数々の名歌を残した。

京都と堺。同じ文化の水脈が流れているが、さらには職人の交流も盛んだったという。京の街に壊滅的な打撃を与えた応仁の乱。その間、多くの職人たちは堺の街に避難し、職人どうしが技術を後世に伝えるために、切磋琢磨したと言われている。

堺と言えば包丁。日本料理とは切っても切れない関係にある包丁は、京料理の発展にも大いに寄与した。かつては京都の台所と呼ばれた錦市場に店を構える「有次《ありつぐ》」の包丁は、多くの料理人が愛用するが、それとて堺の街なくしてはありえなかった。「有次」の和包丁は、京都ではなく堺で作られていたのである。

近江が京の舞台裏なら、堺は京の楽屋。

京料理を構成する要素のひとつである茶懐石は、千利休ありき。繊細な調理に欠かせない包丁は堺の職人ありき。京料理を筆頭に、京都と堺の文化的つながりを確かめるだけでも堺に泊まる意義はある。

さてこの「ホテル・アゴーラ リージェンシー堺」。泊まるならぜひともエグゼクティブフロアをおすすめしたい。

客室は二十三階、二十四階、ラウンジは二十六階という、京都のホテルでは考えられない高層階ゆえ眺望が素晴らしい。そのラウンジはエグゼクティブフロアの宿泊客専用。朝食、ティータイム、カクテルタイムとフリーで愉しめる。

このラウンジで過ごす時間は実にゆったりとしていて、スタッフたちのきめ細やかなもてなしも相まって、極上の居心地。京都旅の疲れを芯から癒してくれるに違いない。はるばる足を延ばして良かったと思えるはずだ。深夜の魚市場、古墳群など堺ならではの見どころもあり、堺に泊まる愉しみは尽きない。

「ホテル・アゴーラ リージェンシー堺」の26階からの眺め

■第四章に出てくる旅館・ホテル■

【俵屋旅館】 地図〔P.249〕
住所：京都市中京区麩屋町通姉小路上ル
電話：075-211-5566

【美山荘】 地図〔P.253下図〕
住所：京都市左京区花脊原地町大悲山375
電話：075-746-0231

【祇園畑中】 地図〔P.248〕
住所：京都市東山区祇園南側505
電話：075-541-5315

【ウェスティン都ホテル京都〔佳水園〕】 地図〔P.252上図〕
住所：京都市東山区粟田口華頂町１
電話：075-771-7111

【ダイワロイネットホテル京都八条口】 地図〔P.250下図〕
住所：京都市南区東九条北烏丸町9-2
電話：075-693-0055

【からすま京都ホテル】 地図〔P.249〕
住所：京都市下京区烏丸通四条下ル
電話：075-371-0111

【ホテル・アゴーラ大阪守口】 アクセス〔P.254〕
住所：大阪府守口市河原町10-5
電話：06-6994-1111

【琵琶湖ホテル】 アクセス〔P.254〕
住所：滋賀県大津市浜町2-40

電話：077-524-7111

【ホテルボストンプラザ草津びわ湖】 アクセス〔P.254〕
住所：滋賀県草津市草津駅西口ボストンスクエア内
電話：077-561-3311

【シーサイドホテル舞子ビラ神戸】 アクセス〔P.254〕
住所：兵庫県神戸市垂水区東舞子町18-11
電話：078-706-3711

【ホテル・アゴーラ リージェンシー堺】 アクセス〔P.254〕
住所：大阪府堺市堺区戎島町4-45-1
電話：072-224-1121

第五章

〈できる〉人の一歩先行く京都の愉しみ方

京都は〈地層都市〉

そうだ、京都行こう。となったとして、さて、どんな旅を組み立てるか。悩ましい問題だ。むやみやたらとスケジュールを詰め込むと疲れるだけ。かといってノーアイデアで京都を訪ねても、有意義な旅にはならない。ある程度の目的を絞りこんでおき、しかしそれに縛られすぎないように、ゆとりをもった行程のプランを練り上げるのが一番いい。

さて、〈できる〉人はどんな京都旅をするのか。

まずは基本プランを練る。京都には古より変わらぬものがたくさんある。場所でもモノでもいい。旅の骨組みを作ったら、あとは出たとこ勝負でいい。京都の街をつぶさに歩き、探し当てたなら自分なりの旅を作り上げてゆく。

そしてその中で、少しでも気になることや疑問が生じたら、それを放っておかずに、深く掘り下げてみる。その答えはすぐには見つからないかもしれないが、いつか必ず見つかるのが京都という街。

京都は〈地層都市〉だ。僕はそう言い続けている。

都が置かれるはるか以前、平安京のころ、鎌倉から江戸へと積みかさねられて、今の京都がある。そこに思いを致すことで、さまざまが見えてくる。

実際の発掘作業と同じ。少し掘ればすぐに近代の遺構が見つかり、さらに掘り進めると、それより前の時代が埋もれている。そのヒントは町の名や、寺の名前などに隠されている。

地名ひとつにも疑問をもつ

たとえば京都を代表する古刹「相国寺《しょうこくじ》」のすぐ東に、〈上塔之段町《かみとうのだんちょう》〉と〈下塔之段町《しもとうのだんちょう》〉という町名看板を見ることができる。この〈塔〉に疑問をもつと、知られざる歴史にたどりつける。

足利義満《よしみつ》が「相国寺」の威光を高めようとして、高さ百九メートルにも及ぶ七重塔を建てたと伝わっていて、その七重塔を境にして〈上〉と〈下〉の〈塔之段町〉があり、塔は焼失したが町名だけは残っているというわけだ。

そしてその七重塔によほど執着したのか、義満は塔が焼失した後、「金閣寺」に再建し、その塔は高さがおよそ百十メートル、〈北山大塔〉と呼ばれていたという。それらは実際

「東寺」の五重塔。この２倍の高さの塔が建っていたという

に発掘した結果、破片が見つかり存在が証明されている。

ただ「相国寺」を参拝し、境内を歩くだけでなく、往時の姿に思いを馳せ、さらには足利義満の五山に対する執念のようなものを感じ取る。それが〈できる〉人の旅である。「東寺」の五重塔の二倍の高さの塔がここに建っていた。それを想像するだけでも、わくわくする。

肝心なのは、それらは表には出てこないということ。

今そこにあるものだけを見ていたのでは、ただの物見遊山で終わってしまう。

人が群がっている、その少し奥にこそ観るべきものがある。

京都で〈できる〉人になる秘訣、それは一歩奥へ入り込むこと。

旅は、自ら組み立てる

なぜそこまで、と思うほどに、人気スポット、人気店に集中するのが昨今の京都旅。同じ場所、同じ方向を向いての京都旅は、おそらくメディアのせいでもある。テレビ、雑誌が京都を扱うとなれば、その情報源はごく一部に限られる。

多くのテレビ局や出版社は東京にあり、昨今の経済事情もあり、自ら京都までリサーチに出向くことは少ない。在洛の編集プロダクションに情報を求めるのは当然の理。そしてその、通称編プロと呼ばれる会社は、それほど多く京都に存在しておらず、したがってテレビ局や出版社は違っても、情報源は同じという事態になる。

加えてその編プロはといえば、地元京都をベースにしているだけに、さまざまなしがらみがある。自分の贔屓の場所、行きつけの店、宣伝を頼まれた店などを優先的に推奨する傾向は否めない。

たとえば桜のころ。今年注目すべき桜名所、だとか、今京都で話題の店、地元京都人に人気の店、といった枕詞《まくらことば》を付けて、馴染みのスポットを在京の編集者やディレクターに

嵯峨嵐山は、桜の時期ともなると人でごった返す

情報を流す。

　京都発の情報だから間違いないだろうとばかりに、検証することなくそのネタに飛びつくのだろう。結果、どの番組も雑誌も似たような構成になり、同じ場所、店を紹介することとなる。すべて、とは言わないが、一極集中が起こるのは、こんなところに原因がある。

　経費に制約があるから、一部の情報源に頼るのはやむをえないことなのかもしれないが、せめて検証するという手間は惜しまないようにしてもらいたい。〈できる〉人の京都旅。それは自ら組み立てたものでなければおもしろくない。SNSで自慢するためでもなければ、ただ記録に残すためでもない。自ら愉しみ、旅の道連れも愉しませるために旅をするのだから。

目に見えるところでは絶えず変わりゆく京都の姿も、奥深くでは変わることなく、営々と続く脈絡があり、そこに目を向けると京都旅の愉しみはより一層深くなる。

京都とは、こういう街だ。京都人の本当の心根はこんなところにある。それを知ることが、〈できる〉人の京都旅だ。

京都は〈水〉でできている

京都を形作っているものに〈水〉がある。〈水〉なかりせば京にあらず、といっても過言ではない。

この地に都が置かれたのも、〈水〉が潤沢にあったからだとも言われている。

京都盆地の地中深くには、琵琶湖の水量に匹敵するほどの水瓶があるそうだ。そして岩盤を隔ててその上、浅い地中にも水が湛えられていて井戸水として活用されている。

さらには盆地を囲む三方の山々からは、雨水を土でろ過した水が京の街なかに流れ込んでいる。

これでもう盤石の態勢だと思えるのに、さらに京都人は貪欲に水を取り込む。言わずと

「南禅寺」の境内にある琵琶湖疏水の水路閣

知れた琵琶湖疏水だ。

こうして得た〈水〉は京都を浄化し、清々しくも美しい景観を生み出す。

〈山紫《さんし》水明《すいめい》〉という言葉があるが、京都という地を歩けば、街中のいたるところで、その光景を目にすることができる。山は日に映えて紫に彩られ、川は澄んだ流れを作る。私事で恐縮だが僕の母校「紫明小学校」の名はこの言葉に由来している。また、鴨川の畔、河原町丸太町近くにある、頼山《らいさん》陽《よう》の書斎は「山紫水明処」と名付けられている。ちなみに中学校は「加茂川中学校」という校名だった。

山は季節によってその彩りを変え、夏は緑、秋は紅、冬は白か茶色であって、紫色に染まるのは春先のこと。春霞に覆われた東山が、まるで舞妓の寝姿のように映る姿はなんとも艶やか。

一方、山と違って、川の水はいつも同じ色合いで都大路をさらさらと流れる。その第一は鴨川である。かつて白河上皇が、賽《さい》の目、比叡山の山法師と共に、〈天下の三不如意《さんふにょい》〉の一つとして加茂の水を挙げたほどの暴れ川だったことが嘘のよう。

京都は水でできている。いつもそう実感する。鴨川をはじめとした川や、東、北、西と京都盆地を囲む三方の山から湧き出る水。さらには洛中のいたるところに点在する名水の井戸。町を歩けばすぐに〈水〉と出会うのが京都という地である。

その〈水〉の存在はきらきらと透き通った輝きで目を休ませてくれるとともに、さらさらと流れる音で耳も癒してくれる。

社寺の境内には、いたるところで〈水〉の流れを目にすることができ、その清流や滝に耳を澄ませば心が安らぐ。とりわけ東山のすそ野に建つ古刹の庭園には、琵琶湖疎水の潤沢な水が流れ、見事な庭園美を見せている。

そんな京都の美しさを際立たせている〈水〉と寄り添いながら歩くのも一興だ。

そしてもうひとつ。京都の食の背骨ともいえるのが〈水〉。

〈水〉なくして京都の美味は生まれなかったのである。

京豆腐、京野菜などの食材は京都の〈水〉によって旨さを湛えている。そしてそれらを使う京料理もまた、京都の〈水〉が不可欠とされている。

京都の有名料亭が東京に進出して、一番難渋するのが〈水〉なのだそうだ。京都のやわらかい〈水〉でしか昆布の旨みが引き出せず、したがって東京では佳い出汁が引けない。京都の料理人がそう口を揃える。

太古の昔から今に至るまで、京都を作ってきたのは〈水〉。それを知る京都旅も〈できる〉人にふさわしい。

「四神相応」の地

京都の街は歩きやすい。碁盤の目に整備されているから、南北と東西の通り名さえ頭に入れておけば迷うことなく歩ける。

たしかにそのとおりなのだが、方角を見失うと危うくなる。見通しの利くところなら比叡山を探すのが早道。京都の東の壁だからで、その見える姿によっても、おおよその位置が把握できる。

しかしそれも困難な市街地であれば、住宅を探し歩けばいい。目当ては柊《ひいらぎ》と南天《なんてん》の木。

平安京の鬼門を守るとされる「幸神社」

鬼門除けの南天

北東、すなわち丑寅《うしとら》の方角は陰陽道において凶方とされ、鬼が出入りすることから鬼門《きもん》とも呼ばれている。

他の地域なら迷信として笑い飛ばすところだが、京都では今の時代もこの鬼門を極度に忌み嫌う。そのため敷地に北東の角があれば、必ずといっていいほど鬼門除けを施す。鬼の目を射るほどに尖った葉を持つ柊、難を転じるという意を込めて南天の木を植栽にするのが京都人の倣《なら》い。ことほどさように方位を気にかけるのは、京の都が「四神相応」の地だからであって、言い換えれば四神相応の地だったから、ここに都が置かれたのである。

風水思想によれば、天空を司る神が四方にいて、北は玄《げん》武《ぶ》、東は青龍《せいりゅう》、西は白虎《びゃっこ》、南は朱雀《すざく》とされ、それに対応する地形があれば災いから逃れられると信じられてきた。日本では〈山川道沢〉がそれとされ、北は丘陵、東は清流、西は街道、南は湖沼。京都はまさにそのとおりの地だったのだ。

桓武天皇と清麻呂

それを懇々《こんこん》と説いて、ここに都を置くように仕向けたのは和気清麻呂《わけのきよまろ》公だ。

ときは延暦一二（七九三）年の正月。清麻呂公は桓武天皇を狩猟に誘い出す。東山の山腹にある狩猟場からは市内が一望できる。

京都盆地を見下ろしながら、清麻呂公はまるで不動産屋でもあるかのように、桓武天皇に進言する。

――どうです。こんな佳い地形はありません。青龍にあたるのは鴨川、朱雀は巨椋池、白虎は山陰道、玄武は船岡山。見事に四神相応の地形が揃っているではありませんか。今のまま長岡に都を置いておくと、また災いが起こるやもしれません。ぜひここに都を移しましょう――

「将軍塚」からは京都の街が一望

四方を順に指さしながら清麻呂公がつぶやく。

桓武天皇は、その眺めに心を奪われ、というよりもあまりに熱心に説く清麻呂公のすすめに従い、ついに翌年の延暦一三年、すなわち西暦七九四年、平安京遷都を決断するのである。

そして桓武天皇は、都の鎮護のために将軍の土像を作らせ、鎧兜まで着せて塚に埋めるよう命じたのである。それが将軍塚の由来。

「青蓮院《しょうれんいん》」の飛地境内に建つ「将軍塚青龍殿」の大舞台は、京都市内を見晴らす新名所となっているが、ここがまさに清麻呂公が桓武天皇を案内した場所。将軍塚は現在もある。ただ眺めがいいからといって歓声を上げるだけでなく、ここからの眺めが平安京のきっかけとなったと思えば、旅の愉しみはより一層深まる。

護王神社の外壁の絵解き

そしてそれをさらに深めるなら、ぜひとも「護王神社」を訪ねたい。

「京都御苑」の向かい側にあって、和気清麻呂公を主祭神として祀る神社が「護王神社」。

蛤御門《はまぐりごもん》を南に下った向かい側。下長者町《しもちょうじゃまち》通の南側角に建つ社は、御苑に気をとられてか、存外参拝客も少なく、落ち着いた佇まいを見せている。

清麻呂公の功績についてはこの神社の外壁に詳しく絵解きされているので、ゆっくりと観ておきたい。

注目すべきは拝殿の内側、四方に掲げられた額絵。ここには四神の姿が描かれていて、護王、すなわち天皇を護るためには四神が欠かせないということを表している。この社が御所のすぐ傍らに建っているのは、そういうわけもある。

鬼門の南天や柊は、京都の街なかの至るところで見かけるが、それは千二百年以上も前から続く、風水思想や陰陽道に基づくものだということを知らなければ、ただの植栽でしかない。

変わらぬ思想があり、それを声高に唱えることなどしないが、きちんと守り続けることは怠らない。そこにも目を配ると京都を深く愉しめる。

江戸は走り、京都は名残

変わらぬものがある一方で、移ろうものもある。それは時の流れ、四季の移ろいである。四季それぞれに異なった表情を見せてくれることによって、京都の魅力は際立つ。日本の四季を象徴するような豊かな自然。夏は暑く、冬は寒い。そんな厳しい気候をなんとかやり過ごすために行われる、さまざまな行事。それらを体験することで、京都への興味が深まり、そして愛着が増す。

ただ四季というだけでなく、同じ季節の中での移ろいも大切にするのが京都という地だということも、〈できる〉人なら必ず押さえておきたい。

季節の食を例にとれば、〈走り〉、〈旬《しゅん》〉、〈名残《なごり》〉の三つに分けることができる。なかで走りに価値を見出すのは江戸っ子。初鰹《はつがつお》などは、女房を質に入れても食べなければ、となるほどらしい。

——東京からのお客さんに喜んでもらおと思うたら、走りのもんをいち早く出さんとあきませんねん——


とある割烹店の主人の言葉だ。

節分を前にした厳寒の候。その店の炭火コンロでは筍が焼かれていた。

さっと出汁醤油を掛けて炙《あぶ》り、細かく刻んだ木の芽をまぶすと、もう春が香りだす。右隣に座る東京からの客は身を乗りだして、焼き上がりを待ち侘びている。

染付の皿に盛りつけられた焼筍を見て相好を崩し、口に運んでうっとりと目を閉じる。

——さすが京都ですね。こんなに寒いときに筍が食べられるなんて、思ってもいませんでした——


ご満悦である。

それを横目にする僕に焼いてくれているのはモロコ。

琵琶湖産を最上とするモロコは、晩秋に冬の訪れを告げる魚で、梅の花がほころび始めると、そろそろ終わりを迎える。

夏の鮎、冬のモロコは都人にとって細かな季節の移ろいを教えてくれる魚であり、欠くことのできないもの。

夏の鮎だが、初秋の落ち鮎も好まれる

――立春も来んのに筍やなんて、考えられまへんな。この時季の焼きもんちゅうたら、そら名残のモロコでっせ――

じっと様子を見ていた左隣の客が、僕の耳元で小さくつぶやいた。

無論それを先刻承知で、店の主人は客に応じて焼物を変えたのである。

「大豊神社」の一本桜

ものあはれ　いとをかし

走りよりも名残を尊ぶのが都人だとして、なぜそうなるかと言えば、侘び寂びに通じるからであり、それは本居《もとおり》宣長《のりなが》が提唱し、〈源氏物語〉を頂点とした概念〈もののあはれ〉を根幹とするものなのだ。

そしてもうひとつ。平安王朝の文学として〈源氏物語〉と双璧をなす〈枕草子〉にみられる〈いとをかし〉という概念がある。

〈もののあはれ〉がモノトーン、もしくはセピア色だとすれば、〈いとをかし〉はフルカラー。それも高精細。これを食に置き換えるなら間違いなく、旬である。

とうに平安の都は幕を引いたはずなのに、いまだ都人はそのころの観念を引きずっている。忘れられずにいる。

今を盛りと咲き誇るソメイヨシノより、鄙びた里の一本桜が散りゆくさまに心を揺さぶられるのが都人。初紅葉に目を奪われることなく、

――ちはやぶる　神代《かみよ》も聞《き》かず竜田川《たつたかわ》　からくれなゐに水くくるとは――

川面に浮かぶ散りもみじを歌に詠む。

その心根が沁みついている。

〈いとをかし〉が旬、〈もののあはれ〉が名残だとして、都は走りを讃える言葉を持たない。

明るくクリアな旬、煤《すす》けて侘びた名残に美を見出すことはあっても、走りを美しく思うことはなかった。それはもちろん〈食〉だけにとどまらず、人の生き方にまで及ぶ。

生き抜く姿に心魅かれる

勝者よりも敗者に心を寄せる都人は、ともすれば判官びいきと混同されがちだが、少な

からずその意味合いは異なる。勝ち負けはともかくも、生き抜く姿に心魅かれるのである。

その一例が建礼門院徳子。

平清盛の娘であり、何不自由なく育った徳子が悲劇のヒロインとなった端緒は、壇ノ浦の戦い。

徳子は、長州壇ノ浦において、安徳天皇とともに源氏の攻めに遭う。安徳天皇は入水し、徳子もそれに続くが、皮肉なことに、源氏の手によって、その身を救われてしまう。

生き恥をさらすことになった徳子にとって、京都へ戻ってからの暮らしは、針のむしろという言葉がふさわしいものだった。

洛東「長楽寺《ちょうらくじ》」で出家した徳子はやがて大原に移り住むこととなる。

大原での徳子については、平家物語の終巻で綴られる〈大原御幸《おはらごこう》〉に詳しい。

後白河法皇は、夜を徹して、大原の奥へと御幸する。忍びの御幸ではあったが、徳大寺実定をはじめ、北面の武士たちも供奉《ぐぶ》する。

そのころの「寂光院」。屋根の甍《いらか》は崩れるほどの荒寺だった。

――池水に　汀《みぎわ》の桜散りしきて　波の花こそ盛《さか》りなりけれ――

そう詠んで後、後白河法皇は徳子の庵室へ上がり込む。
しかしそのとき、徳子は裏山へ花を摘みに出かけていて留守にしていた。

建礼門院徳子が移り住んだ「寂光院」（2010年２月撮影／朝日新聞社）

やがて二人の尼が山を降りてきた。徳子と、もうひとりは重衡《しげひら》の妻である藤原輔子《すけこ》である。徳子は突然の後白河法皇の来訪に戸惑う。

それも無理はない。かつては嫁と舅という立場で、禁中では華やかな暮らしを共にしていた。それも今は昔。落ちぶれて、質素な庵で暮らす姿を、舅に見せるのも恥ずべきこと。

しかしながら、阿波内侍《あわのないし》に促されて、なんとか向かい合って座り、ここから世に言う、徳子の〈六道語り〉が始まるのだ。

徳子のあまりの変貌を哀れんだ後白河法皇は、

――人の世に転変があることを、今さら驚くものでもないが、ここまで変わり果てた姿を見るにつけ、悲しみでやり切れない思いがする――

そう憐れんだのに対し、徳子は仏教の世界観である六道に、自らの人生をなぞらえる。かつては栄華を極めた徳子と法皇。大きく立場が変わってしまったふたりが、侘びた庵の一室で向き合って語らう。

あっという間に時が過ぎ、御幸を終えて、後白河法皇は後ろ髪を引かれながら、庵を後にする。

〈おもてなし〉の原点

そして「寂光院」と徳子といえば、第二章でも少々ふれたが、大原名物の柴漬け。この話についてもう少し書いておこう。

〈大原御幸〉の後、夏の盛りになっても、徳子の胸はふさいだまま。哀しみを引きずったまま暮らしている姿を見るにつけ、大原の里人たちもまた、胸を痛め続けている。

なんとかして、徳子に元気になってもらいたい。そう願う里人たちは一計を案じる。大原の名産ともいえる赤紫蘇の葉を塩漬けにして、徳子に献上したのである。

赤紫蘇の葉を塩漬けにしたそれは、御所を思わせる紫色。きっと里人たちは、徳子にかつての誇りを取り戻させようという思いで、これを献上したのだろう。

里人たちの心遣いにいたく感動した徳子は、これを〈紫葉《むらさきは》漬《づ》け〉と命名し、大原の名産とするよう、村人たちに伝えた。

「寂光院」の建礼門院徳子の像（2010年2月撮影／朝日新聞社）

それが今の柴漬《しばづ》けの原型となったことは言うまでもない。

徳子が敗者だからではない。大原の里人たちはそこに〈もののあはれ〉を見たから心を寄せたのである。

すべて生きとし生けるものは、やがて終焉を迎える。その間際をどう生きるか、どう向き合うか。美しくも切ない姿を見せるものに対して、都人は心を尽くして接する。それこそが〈おもてなし〉の原点だということは知っておきたい。

四季それぞれに魅力の尽きない京都。小さな都であるのに、その愉しみ方は季節によって大きく異なる。ガイドブックをなぞってばかりいたのでは、本当の京都の魅力を感じることはできない。

春は桜、場所と時間をずらして愉しむ

日本全国どこにでも桜が咲き、花見ができるのだが、京都のそれは格別のようで、春の盛り、京都は花見客で埋まる。

そこまでは間違っていない。背景の味わいを重ね合わせれば、京都の桜はやはり群を抜いている。日本各地の桜を見てきての実感だ。問題はそこから先。人気スポットに集中するのだ。円山公園、嵐山、清水寺、高台寺、平野神社あたりの、いわゆる桜の名所と呼ばれるところ。さらには時間も集中する。昼下がりと、最近の人気はライトアップが行われる夜間。

前を歩く人の背中ばかり見ていた、という笑い話にもならない声をしばしば耳にする。

京都の桜を愉しむには、場所と時間をずらすのが一番だ。

名所を避けてのおすすめは洛中の小さな寺。たとえば智恵光院《ちえこういん》の上立売《かみだちうり》を西に入ったところにある「雨宝院《うほういん》」。〈西陣聖天宮《にしじんしょうてんぐう》〉という別名を持つ小さな寺の境内に、珍しい品種の桜が咲き乱れる様は圧巻である。

「雨宝院」。地元の人に愛される桜の名所（2016年4月撮影／朝日新聞社）

あるいは「本法寺」。表と裏、両千家が並ぶ小川通にあって、由緒正しき寺。〈十《つなし》の庭〉、〈光悦翁手植之松〉など見どころも多い寺だが、京都人には、広い境内に点在する桜でもよく知られる。

本阿弥光悦、長谷川等伯などの文人ゆかりの寺では、境内のあちこちに桜の花が可憐な姿を見せ、とりわけ多宝塔を背景にする桜は、一幅の絵のような美しさを際立たせる。

「上品蓮台寺《じょうぼんれんだいじ》」もいい。千本北大路を少し下った西側にある寺。通称は〈千本十二坊《せんぼんじゅうにぼう》〉。ソメイヨシノに加えて、本堂前の枝垂れ桜が美しい。

朝いちばんに水辺の桜へ

以前に、花鳥画を得意とする日本画の大家、上村淳之《あつし》氏に桜の愉しみ方を訊ねたことがある。

場所はともかく、ライトアップの桜は絶対に避けるべき、という言葉が真っ先に出てきた。

——人間と同じで、桜も夜は休みたい。それを無理やり起こして、強烈な光を当て、ようけの見物客から写真を撮られる。そんな状態で綺麗な姿を見せられるはずがない。桜が悲鳴をあげとることに気づかんといかん——

花や鳥をつぶさに観察して、美しい日本画に仕上げる氏の言葉には強い説得力がある。

桜の季節、朝に歩きたい〈哲学の道〉

――夜間にライトアップをせん、水辺の桜がよろしい。ただし朝一番やないとあかん。夜はゆっくり休んで、さぁこれから咲くで、と言うとる桜を見つけなさい――

この言葉を肝に銘じて、水辺の桜を探すことをおすすめする。

たとえば鴨川堤。京都の街なかを北から南に流れる鴨川は、賀茂川と高野川が合流して後の流れを言うのが京都人の習わし。その合流地点から北の高野川と賀茂川は、ひときわ艶やかな花を見せてくれる。夜が明けるのを待ちわびて出向きたい。

あるいは〈哲学の道〉。こちらは琵琶湖疏水ゆえ、南から北へ、土地の傾斜に逆らって流れる。

上村氏と同じ、日本画の大家として知られる橋本関雪《かんせつ》は、「銀閣寺」近くの「白沙村荘《はくさそんそう》」に住み、界隈をよく散策し、画題を求めたという。大正の中ごろ、名を成した関雪は、京都に恩返しをしたいという気持ちを、妻の提案により、三百本の桜を寄贈し哲学の道沿いに植樹した。〈関雪桜〉と名付けられた花は代替わりした今も、水辺に美しい花を映している。

だが「哲学の道」の桜は咲く間だけではない。散った後も美しい。傾斜に逆らって、南から北へ流れる水は、散った花びらを集め、行き止まりに花筏《はないかだ》を浮かべる。銀閣寺交番のすぐ裏手である。〈できる〉人は名残の桜をも愉しむのである。

夏の京都は、線ではなく点で歩く

かつては夏の京都を訪れる観光客などあまり見かけなかったのが、近年は祇園祭を中心として、その人気はうなぎのぼり。春夏に負けないほどの旅人がやってくる。

盆地特有の気候の常として、夏は暑く、冬は寒い。京都盆地もその例に違わず、夏に京都を訪れた沖縄の人がその暑さに閉口し、冬の京都を旅した道産子が寒さに震えあがったという。

夏は地中から湧き上がってくるような猛烈な湿気に悩まされる京都。春秋のように歩き回るのは危険だ。夏の京都は、線ではなく点で歩く。

昼間を避けて、朝夕の比較的涼しい時間帯に動くのも一法だ。

そして京都の夏といえば〈祇園祭〉。「八坂神社」の祭礼として行われ、日本三大祭のひとつに数えられる、長い歴史を誇る夏の行事。

ニュースなどで報道されるのは、七月十七日の〈山鉾巡行《やまほこじゅんこう》〉が中心になるので、〈祇園祭〉はこの日だけの行事だと思い込む向きも少なくないが、実際は七月一日の〈吉符入《きっぷい》り〉から始まり、七月三十一日に「八坂神社」の境内摂社「疫《えき》神社」で行われる〈夏越《なごし》祭《さい》〉まで、一か月の長きにわたって行われる祭。

宵山の鉾

七月の京都は祇園祭一色に染まる。

とはいえ、観光客の多くのお目当てはやはり〈山鉾巡行〉と、その前日の〈宵山《よいやま》〉。したがって七月十六日の宿が最も取りづらい。この日の泊まりは前章で書いたように他府県のホテルをおすすめするが、実は〈祇園祭〉の真髄が見られるのは、

〈山鉾巡行〉が終わってからなのである。

そもそも〈祇園祭〉とは、「八坂神社」に祀られた三柱の神さまが神輿に乗り、祇園の街を見回られることが主たる行事。〈山鉾巡行〉が終わったあと、夜六時から始まる〈神幸祭《しんこうさい》〉と呼ばれる〈神輿渡御《みこしとぎょ》〉がそれ。先だって行われる〈山鉾巡行〉はその露払いとしての役割を果たしている。

つまり、〈山鉾巡行〉だけを見て退散するのは、前座だけで、真打を見ずに帰ってしまうようなものなのである。

七月十七日の夜六時をまわったころ。祇園石段下に集結した三社の神輿が差し上げを行ってのち、それぞれの神輿は、氏子区域内を練り歩く。そのあと、夜も更け、九時ころになると、寺町四条近くの〈御旅所〉に着輿し、以降二十四日まで御旅所に留まる。これが〈神幸祭〉。

大路を巡行する山鉾と違い、男衆に担がれた神輿が練り歩くさまは勇壮そのもので、これを見ると〈祇園祭〉のイメージが一変する。

「八坂神社」の石段下に集まった男衆と神輿

日本国中、どこにでも祭りはあり、その多くと同じく〈祇園祭〉もまた災厄から逃れることを目的とし、その主役は神輿に祀られた神さまであり、それは町衆によって担がれる。神と民が一体になるのが日本の祭り。

つまり〈祇園祭〉が日本三大祭のひとつであってもなくても、至極ありふれた日本の祭りであり、神事なのだということを、この〈神幸祭〉や、神さまが「八坂神社」へお戻りになる〈還幸祭《かんこうさい》〉が教えてくれる。

いっとき途絶えていた〈後祭《あとまつり》〉が先年復活し、〈山鉾巡行〉は二度にわたって行われるようになったことで、見物客がいくらか分散したことは悪いことではないが、――祇園祭が二回行われるようになった―― というような間違ったアナウンスが流布されるのは困ったことである。〈前祭《さきまつり》〉も〈後祭〉も同じひとつの〈祇園祭〉の中の行事だということ、祭りは神事であることを忘れてはならない。

〈鱧《はも》まつり〉の異名をもつ理由

そして〈祇園祭〉は別名〈鱧まつり〉と異名をとるほどに、〈祇園祭〉と鱧料理は結び

鱧は全長１～２メートル。鋭い歯をもつ獰猛な魚
（2016年７月撮影／朝日新聞社）

つきが強い。鱧なくして〈祇園祭〉は存在しない、というのが都人の想い。

内陸盆地である京都で鱧が獲れるはずはなく、瀬戸内や玄界灘など西の海から京都へと届けられるが、なぜ鱧を夏一番のご馳走としたのか。

大きくふたつの理由がある。

ひとつは鱧が極めて強い生命力を持ち、海から遠い京の都まで運ばれてきても鮮度を保つことができたから。そしてその強靱な生命力の源は、海の魚にしては珍しく皮膚呼吸ができることにある。

ふたつに、小骨の多い鱧を細かく骨切りし、さまざまな鱧料理を作り上げる、京都の料理人の存在。夏の割烹では、シャリッシャリッと、リズミカルに鱧の骨切りをする包丁の音が絶えることはない。この骨切りを巧くしなければ、美味しい鱧料理はできない。熟達の料理人でなければできない技は、かつて京の料理人が天領日田《ひた》に赴いた際、豊後《ぶんご》国は中津の漁師から教わり、都に持ち帰って広めたと言われている。

かくして〈祇園祭〉と一体になった鱧料理。京の夏を彩る取り合わせは、京料理の象徴でもある。

食材も京都で獲れるわけではない。その技術もまた遠国で学び伝わってきたもの。それがいつしか京名物となり、全国各地はおろか、世界中から求められるに至る。

〈山鉾巡行〉のハイライトである〈辻回し〉のベストビューポイントを自慢げに教えるのではなく、京都の祭りの真の姿、京料理の成り立ちなどを語れてこそ、京都通と認められる〈できる〉人なのだ。

京都人が親しみを込めて〈祇園さん〉と呼ぶ〈祇園祭〉以外の夏の愉しみといえば、なんといっても早朝。

京都の寺社をはじめとする観光スポットをじっくり観て回るには、夏の朝ほど適した季節はない。

一年を通して観光客の絶えない京都の寺社だが、さすがに真夏と真冬は人もまばらとなり、とりわけ早朝の開門直後は境内をひとり占めできることも少なくない。ところによっては、夏場だけ開門を早める寺社もあるので、事前に調べておきたい。

「建仁寺」では写経体験もできる

夏の朝の暁天講座

散策だけでもいいが、体験を加えるとより一層の充実感を味わえる。

たとえば坐禅。

四季折々その表情を変える名園で知られる、洛北「圓光寺《えんこうじ》」では、毎週日曜日だけだが、早朝六時から〈日曜坐禅会〉が開かれている。暁天坐禅に続き、作務、法話、粥坐と続き、およそ二時間にわたって寺方の体験ができる。気分がだらけがちな夏の朝にはふさわしいひととき。気持ちを引きしめてくれ、一日を爽やかに過ごせる体験は、必ず前日までに予約をすること。

あるいは写経。

「東寺」や「建仁寺」「天龍寺」など多くの有名寺院をはじめとして、写経体験のできる寺は少なくない。当日に現場で申し込める寺もあるので、思い立ったらすぐに体験できるぶん、坐禅に比べて気軽だ。

しかし、夏の朝の体験の真打と言えば〈暁天講座〉。今や京の夏の風物詩とさえ言われるもので、早朝に著名人の講話を聴き、朝粥をいただく、という有難い講座。「知恩院」や「清水寺」「東福寺」など名の知れた寺院で数日間開かれ、多くの都人が集う。各寺院のホームページなどにスケジュールが掲載されるので、必ずチェックしておきたい。

しばしば訪れるのは「知恩院」の〈暁天講座〉で、毎年七月二十七日から三十一日までの五日間、各界の著名人を招き公開講座が開かれる。

国宝にも指定されている〈御影堂《みえいどう》〉の広々とした座敷に座り込み、およそ一時間に及ぶ講話を拝聴する。いくら早暁とはいえ、七月末の京都は暑さが最も厳しい時季。エアコンに慣れきった身体はじわじわと汗を噴きだすが、やがて微かな風に反応し、身体が涼しさを見つけにゆく。

エアコンも扇風機もスイッチさえ入れれば、あとは機械が勝手に風を送ってくれ、すぐに涼しさを感じられる。

だが大自然相手だとそうはいかない。涼を待ち、ときには迎えにいかねばならない。境内から吹き渡ってくる微風がどれほどありがたいか。おそらくはそんなことも〈暁天講座〉の一環なのだろうと勝手に解釈している。

学生のころ、「延暦寺」で真冬に修行合宿を行ったことがある。三日間僧侶と寝食を共にし、早暁の坐禅も二度体験した。

雪が降りしきるなか、およそ一時間ものあいだ坐禅を組む。最初はお堂のふすまは開け放たれ、当然ながら寒風が吹き込む。身がちぎれそうなのを我慢しようとして、我慢できるものではない。やがて先達の指示でふすまが閉じられると、まるで春が来たかのような暖かさを感じ、驚いたことを思いだす。


――ふすま一枚のありがたさを感じましたか?――


そんな問いかけに修行体験の深い意義を感じ取ったものである。

会場は本来〈御影堂〉なのだが、平成の大修理が行われている間、平成三十一年の竣工までの講座は〈法然上人御堂〉で行われる。講座のあとの芋粥接待は、例年どおり〈泰平亭〉。

できれば空腹のまま出向きたい。一時間の講話を聴いたあと、〈泰平亭〉でふるまわれる芋粥をいただくと、そのありがたさが胃に、心に沁みるのだ。それでいて無料。こんなときこそ志納金をふんぱつするのが〈できる〉人の証し。

早起きは三文の徳を実感できるのが、京都の夏旅である。

秋は心静かにもみじと向き合う

百人一首で有名な「小倉山」は紅葉の名所

桜ともみじは裏表。そんな言葉を作ってみた。幾たびも京都の春秋を過ぎこしてきての実感であり、まんざら的外れな言葉ではないと自負している。

春に妖艶な花を開かせる桜の木は、秋ともなれば葉を赤く染め、かえでとはまた違った風情を醸しだす。さらにはその近くに決まって、いろはもみじがあったりする。

つまりは、春か秋のどちらかに京都を訪れていれば、その場所を記憶にとどめておき、もう片方の季節も愉しめるというわけだ。

花の命は短いが、もみじは長く愉しめる。春は里から、秋は山からやってくる。洛北大原辺りからもみじ便りが聞こえてくれば、京都はそろそろ秋本番を迎える。桜の花見と違い、もみじ狩りは心を浮き立たせるものではなく、どちらかといえば、浮ついた気持ちを鎮めるためのものでもある。春青く、夏朱《あか》く、そして秋は白い。やがて訪れる冬の玄《くろ》さにそなえる。京都のもみじはそんな心持ちで愉しみたい。

桜ばかりか、もみじまで夜に光を与える昨今。上村画伯の言葉はここでも生きる。

――やっぱり朝がよろしいな。特に冷え込んだ朝です。息が白ぅなるくらいの朝やと、一気に葉っぱが朱ぅ染まります――

もみじもまた〈つとめて〉がいいという。つまり早朝。十一月ともなれば、吐く息も白くなる京の街だが、早起きして赤や朱色を探し歩きたい。京の街なかでは錦織り成す紅葉がそこかしこで見られるはずだ。

――日の暮れもよろしい。西のほうから夕陽がさーっと差してきますわな。それがもみじに当たると、きらきら光ります。神々しさを感じますな――

「真如堂」こと「真正極楽寺」（2009年11月撮影／朝日新聞社）

夕陽に照らされたもみじもいいようだ。

三年ほども前だったか。ランチを摂ったあと、思いたって吉田山を散策したときのことである。山腹にあるいくつかの神社をお参りし、お目当ての「宗忠《むねただ》神社」で変わり狛犬を撮影し、通称「真《しん》如堂《にょどう》」、正式名称「真正 極楽寺《しんしょうごくらくじ》」へ立ち寄った。

池の端を歩き、〈地蔵堂〉に安置された千を超えるお地蔵さまに手を合わせ、参道を戻りはじめたとき。いきなり夕陽が雲間から矢のように差し、色付きはじめた紅葉を照らした。まさにそれは、画伯の言葉どおり神々しさを感じさせるものだった。

こういうときは写真を撮ることすら忘れてしまう。立ち位置を変え、角度を変えて夕陽もみじを目に焼き付けた。とりわけ美しさを際立たせたのは三重塔の存在だった。思わず西方浄土という言葉が浮かび、この寺が「真正極楽寺」という名だったことに感懐を覚えた。

近くには〈もみじの〉という冠詞が付く「永観堂」があり、紅葉見物の客でごった返す。雑踏の中の紅葉がお好きな方ならいいだろうが、心静かにもみじと向き合えるほうを選ぶのが〈できる〉人の紅葉狩りだと心得る。

〈敷もみじ〉を踏みしめる

桜が散ったあとに花筏《はないかだ》を作るのに対して、もみじは散ったあとに絨毯《じゅうたん》を敷く。通称〈敷もみじ〉。かつてこれを愉しむのは粋人だけだったが、JR東海のポスターに使われたせいか、これを目当ての観光客が急増した。

長岡京の「光明寺《こうみょうじ》」、山科の「毘沙門堂《びしゃもんどう》」などがその代表。たしかに美しいのではあるが、それを観るためだけに足を伸ばすのも如何なものかとも思う。

遠出をしなくとも、美しい〈敷もみじ〉を観られる場所はある。「哲学の道」から少し山側に入ったところにある「安楽寺《あんらくじ》」は非公開寺院だが、紅葉の時季などは一般公開する。夏ともなれば〈かぼちゃ供養〉が行われることでも知られ、松虫姫、鈴虫姫の悲話が残る寺でもある。

秋は「安楽寺」の敷もみじを踏みしめる

　この寺の山門に至る石段は、見事な〈敷もみじ〉が敷かれ、それを踏みしめながら見上げる侘びた山門の眺めは格別趣きが深い。

「安楽寺」と隣り合う「霊鑑寺《れいかんじ》」では、緩やかに上る広い参道を、覆い隠すような紅葉がはらはらと散り、やがて〈敷もみじ〉を敷くさまも圧巻である。

　そしてもうひとつ。「哲学の道」沿いには「法然院《ほうねんいん》」もあり、ここもまた「安楽寺」と同じく山門下の石段は〈敷もみじ〉で赤く染まる。

「安楽寺」「霊鑑寺」「法然院」。哲学の道沿いに建つこの三つの寺を、僕は〈敷もみじ三名寺〉と名付けている。

咲き誇ったあと、散った桜が水面に浮かび、赤く染めた葉が石畳を埋め尽くす。春や秋が盛りを過ぎようとして、その名残を惜しむのが都人の倣い。

京都歩きにふさわしいのは、冬

京都を歩き、つぶさに観て回るに最もふさわしい季節は、と問われれば迷うことなく冬と答える。

猛暑に包まれる夏は論外として、春秋は主だった名所はどこも混みあっていて、思うように歩を進めることができない。近年は冬の京都人気が出てきたとはいえ、他の季節に比べると、断然観光客の数は少ない。世界遺産をはじめとした有名社寺を訪ね歩くなら冬がベスト。

一番のおすすめは「上賀茂《かみがも》神社」と「下鴨神社」のふたつの世界遺産を歩いて回るコース。

京都市バスが便利だ。まずはバスで「上賀茂神社」を目指す。

「賀茂別雷《かもわけいかづち》神社」が「上賀茂神社」の正式名称。〈賀茂別雷大神《かもわけいかづちのおおかみ》〉を祭神とする農

「上賀茂神社」の一の鳥居

「神馬堂」の〈やきもち〉

耕神。賀茂氏ゆかりの神社で、ここを〈上社〉、のちほど訪ねる「下鴨神社」を〈下社〉とし、併せて〈賀茂社〉と称する。

市バスを降り、一の鳥居をくぐると、広々とした芝生の境内が広がっている。冬でもたっぷりと日差しを受ける、緑の芝生に座りこむのもいい。

「上賀茂神社」の詳細については、どんなガイドブックにも掲載されているので、あえてここでは触れない。

二の鳥居をくぐり、ひと通りの参拝を済ませたら、神社の西側に店を構える「神馬《じんば》堂《どう》」で名物〈やきもち〉を買い求めておく。

「上賀茂神社」の南側には〈社家〉が建ち並ぶ社家町があり、明神川の清流がさらさらと水音を立てる界隈は冬の散策にぴったり。京都三大漬物のひとつとされる〈すぐき漬け〉を土産にするなら「御《おん》すぐき処《どころ》 京都《きょうと》なり田《た》」がいい。

比叡山が最も美しく見える場所

さて次なる世界遺産「下鴨神社」目指して歩くは賀茂川堤。「上賀茂神社」のすぐ傍には御園《みその》橋が架かり、ここから南に向かって歩く。西側の右岸は、東側の左岸に比べて堤が広く歩きやすい上に、東山の眺めもいいので、右岸歩きをおすすめしたい。

御園橋から目指すのは出雲路《いずもじ》橋。距離にしておおよそ二・五キロ。健脚の方でなくても、ざっと三十分ほどあればたどれるのは下り坂になっているからだ。標高差はおおむね二十メートル。京都で北に行くことを上る、南に行くことを下る、を体感できる。

御園橋の次、上賀茂橋を過ぎると堤が広くなり、歩く人の姿も多くなる。下流前方には蹴上の「ウェスティン都ホテル」を、左手東側には東山の峰々を眺められる、恰好の散策路が続く。

北山大橋を過ぎると、左手に「京都府立植物園」の緑が重なり合うさまが見える。花好きの方は北山大橋を渡ってすぐのところにある〈賀茂川門〉から園内に入ってみるのもいい。園内をあるいて〈正門〉から出れば賀茂川堤にすぐ戻れる。

北大路橋の西北角に「グリルはせがわ」というレストランのテイクアウトショップがあり、ここの弁当を買ってランチにするというのも悪くない。

少々肌寒いが、ベンチに腰掛け、賀茂川の流れを見下ろし、比叡山を見上げながら、熱々出来たての〈ハンバーグ弁当〉をつつくのも愉しい。デザートはもちろん「神馬堂」の〈やきもち〉。

北大路橋から出雲路橋までは広々と整備され、公園のようになっているので休憩できるところはいくらもある。そしてこの出雲路橋近辺からの霊峰比叡山が最も美しい姿を見せてくれる。

山が近いせいか、場所によって比叡山はその姿を変える。上賀茂より北から見ると、険しく武骨な山に、四条より南から見ると、存外なだらかな峰に見え、同じ比叡山でもまるでその姿かたちが違って見える。出雲路橋近辺の賀茂川右岸からが、比叡山のベストポジ

出雲路橋付近から比叡山をのぞむ

「下鴨神社」の境内に広がる糺の森

ションだ。

比叡山を存分に眺めたら「下鴨神社」へと向かう。

下鴨神社とみたらし団子

出雲路橋を東に渡り、そのまま東鞍馬口通を東へ。道なりに真っすぐ進むと、広い下鴨本通に出る。信号を渡ると神社の案内板が立っていて、それに従えばやがて「下鴨神社」の西参道へとつながる。

正式名称は「賀茂御祖神社《かもみおやじんじゃ》」。こちらも世界遺産ゆえガイドブックに詳細が記載されているのでそちらを参照いただきたい。

〈みたらし団子〉発祥と伝わる〈御手洗池《みたらしいけ》〉、干支を守る神さまが祀られた〈言社《ことしゃ》〉、縁結びに絶大なご利益があるとされる〈相生社《あいおいのやしろ》〉、〈方丈記〉を著した鴨長明の父親が神官を務めていたという〈河合《かわい》神社〉など見どころは多い。

団子の４つとひとつの間に隙がある

「加茂みたらし茶屋」の店構え

甘党の方にぜひともおすすめしたいのが「加茂みたらし茶屋」のみたらし団子。

串に刺した団子に、とろりと甘いタレのかかった、みたらし団子。その語源は、世界文化遺産でもある「下鴨神社」の御手洗池にあり、ある不思議な話が伝わっている。

参詣の際、後醍醐天皇が御手洗池で水を掬おうとしたところ、最初に泡がひとつ浮かび、しばらく経ってから四つの泡が立て続けに浮かんだ。それを人の五体に見立て、人形を模して作られたのが、みたらし団子。したがって団子の数は五つで、四つとひとつの間に隙があるのは伝承に従ってのこと。

神社の神饌《しんせん》ともなった、みたらし団子は、ただの門前菓子だけでなく、五体を健全に保つ厄除《やくよ》けの意も込められている。

「下鴨神社」の西側、下鴨本通に面して店を構える「加茂みたらし茶屋」では、伝承どおりのみたらし団子が食べられる。門前茶屋の菓子ひとつにも伝説にのっとった由来が残されているのも京都ならではのこと。

冬だけは素顔が見える

さんさんと日差しが降り注ぐ、伸びやかな境内を広げる「上賀茂神社」と対照的に、鬱蒼とした〈糺《ただす》の森〉を境内に持つ「下鴨神社」。その違いを比べてみるのも一興。ふたつの社が建立されるにあたって大きな役割を果たした賀茂氏とは、いったいどんな氏族だったのか。なぜ〈賀茂〉と〈鴨〉を書き分けるのか、など興味は尽きない。歩き回って身体が冷えたなら宿に戻り、資料を紐解きながら思いを古代に馳せるのも冬ならではの愉しみ。

「上賀茂神社」から「下鴨神社」へというコースはほんの一例。ほかにも冬の京都歩きを愉しむコースはいくつも作れる。

「伏見稲荷大社」の鳥居

東なら〈吉田山〉を北から南へとたどる、ちょっとした山歩き。

西なら〈嵐電〉沿いの古刹を順に訪ねるコース。

南であれば「伏見稲荷大社」の背後に控える〈稲荷山〉をひと回りするコース。

多少の肌寒さを感じるくらいのほうが、長い距離を歩ける。健康のためのウォーキングを兼ねて、のんびり京都を歩く。これはある意味で、冬だけの愉しみかもしれない。

有名観光地ゆえ、常は大混雑する「清水寺」から「高台寺」へとたどる道筋や、洛西嵐山の「天龍寺」から嵯峨野へと至る界隈も、真冬ならさほどの混雑にはならない。名だたる観光地を訪ねるなら冬場に限る。

ふだんは厚化粧する京都も、冬だけは素顔を見せる。京都を歩くなら冬。〈できる〉人にはぜひとも覚えておいていただきたい。

■第五章に出てくる名所旧跡とお店■

【相国寺】 地図〔P.246、251〕
住所：京都市上京区今出川通烏丸東入相国寺門前町701
電話：075-231-0301
拝観時間：境内自由
拝観料：無（春と秋の特別拝観は800円。10:00～16:00受付）

【南禅寺〔水路閣〕】 地図〔P.246〕
住所：京都市左京区南禅寺福地町
電話：075-771-0365
拝観時間：境内自由　拝観料：無

【幸神社】 地図〔P.246、251〕
京都市上京区寺町通今出川上ル西入幸神町303
電話：075-231-8774

【将軍塚青龍殿】 地図〔P.246〕
住所：京都市山科区厨子奥花鳥町28
電話：075-771-0390
拝観時間：9:00～17:00（受付終了16:30）　拝観料：500円

【護王神社】 →P.97参照

【寂光院】 →P.97参照

【雨宝院】 地図〔P.247〕
住所：京都市上京区智恵光院通上立売上ル聖天町9-3
電話：075-441-8678
開門時間：6:00～17:00　拝観料：無

【本法寺】 →P.94参照

【上品蓮台寺】 地図〔P.247〕
住所：京都市北区紫野十二坊町33-1
電話：075-461-2239
開門時間：6:00 ～ 17:00　拝観料：無

【哲学の道】 地図〔P.246〕
（※銀閣寺から熊野若王子神社まで続く道）

【八坂神社】 地図〔P.246、248〕
住所：京都市東山区祇園町北側625
電話：075-561-6155

【圓光寺】 地図〔P.246〕
住所：京都市左京区一乗寺小谷町 13
電話：075-781-8025
拝観時間：9:00 ～ 17:00　拝観料：500円

【建仁寺】 地図〔P.246、248〕
住所：京都市東山区大和大路四条下ル小松町
電話：075-561-6363
拝観時間：10:00 ～ 16:30（11 ～ 2月は～ 16:00、年末は拝観休止）
拝観料：境内自由（本堂拝観500円）

【知恩院】 →P.98参照

【真如堂（真正極楽寺）】 地図〔P.246〕
住所：京都市左京区浄土寺真如町82
電話：075-771-0915
拝観時間：境内自由　拝観料：無（本堂・庭園は500円、9:00～15:45受付）

【安楽寺】 地図〔P.246〕
住所：京都市左京区鹿ヶ谷御所ノ段町21
電話：075-771-5360
拝観時間：非公開（※春と秋のみ公開。期間、料金は要確認）

【霊鑑寺】 地図〔P.246〕
住所：京都市左京区鹿ヶ谷御所ノ段町12
電話：075-771-4040
拝観時間：非公開（※春と秋のみ公開。期間、料金は要確認）

【法然院】 地図〔P.246〕
住所：京都市左京区鹿ヶ谷御所ノ段町30
電話：075-771-2420
開門時間：6:00 ～ 16:00
拝観料：無（特別公開時期、伽藍内の拝観は有料）

【上賀茂神社（賀茂別雷神社）】 地図〔P.247、251〕
住所：京都市北区上賀茂本山339
電話：075-781-0011
開門時間：5:30 ～ 17:00
拝観料：無（特別参拝500円）

【神馬堂】 地図〔P.251〕
住所：京都市北区上賀茂御薗口町4
電話：075-781-1377（電話で予約可）
営業時間：7:00 ～（売り切れ次第閉店）

【御すぐき處京都なり田　本店】 地図〔P.251〕
住所：京都市北区上賀茂山本町35
電話：075-721-1567
営業時間：10:00 ～ 18:00　　定休日：１月１日（不定休あり）

【グリルはせがわ】 地図〔P.251〕
住所：京都市北区小山下内河原町68
電話：075-491-8835
営業時間：11:15～15:00　16:00～22:00（L.O.21：00）（時間の変更あり）
定休日：月曜、第３火曜（祝日は営業、翌日振替休）

【下鴨神社（賀茂御祖神社）】 地図〔P.246、251〕
住所：京都市左京区下鴨泉川町59
電話：075-781-0010
開門時間：5:30～18:00（夏期）、6:30～17:00（冬期）　拝観料：無

【加茂みたらし茶屋】 地図〔P.251〕
住所：京都市左京区下鴨松ノ木町53
電話：075-791-1652
営業時間：9:30～19:00（L.O.18:00）　定休日：水曜

【伏見稲荷大社】 地図〔P.246〕
住所：京都市伏見区深草藪之内町68
電話：075-641-7331

【高台寺】 地図〔P.246、248〕
住所：京都市東山区高台寺下河原町526
電話：075-561-9966
拝観時間：9:00～17:30（受付終了17:00）　拝観料：600円

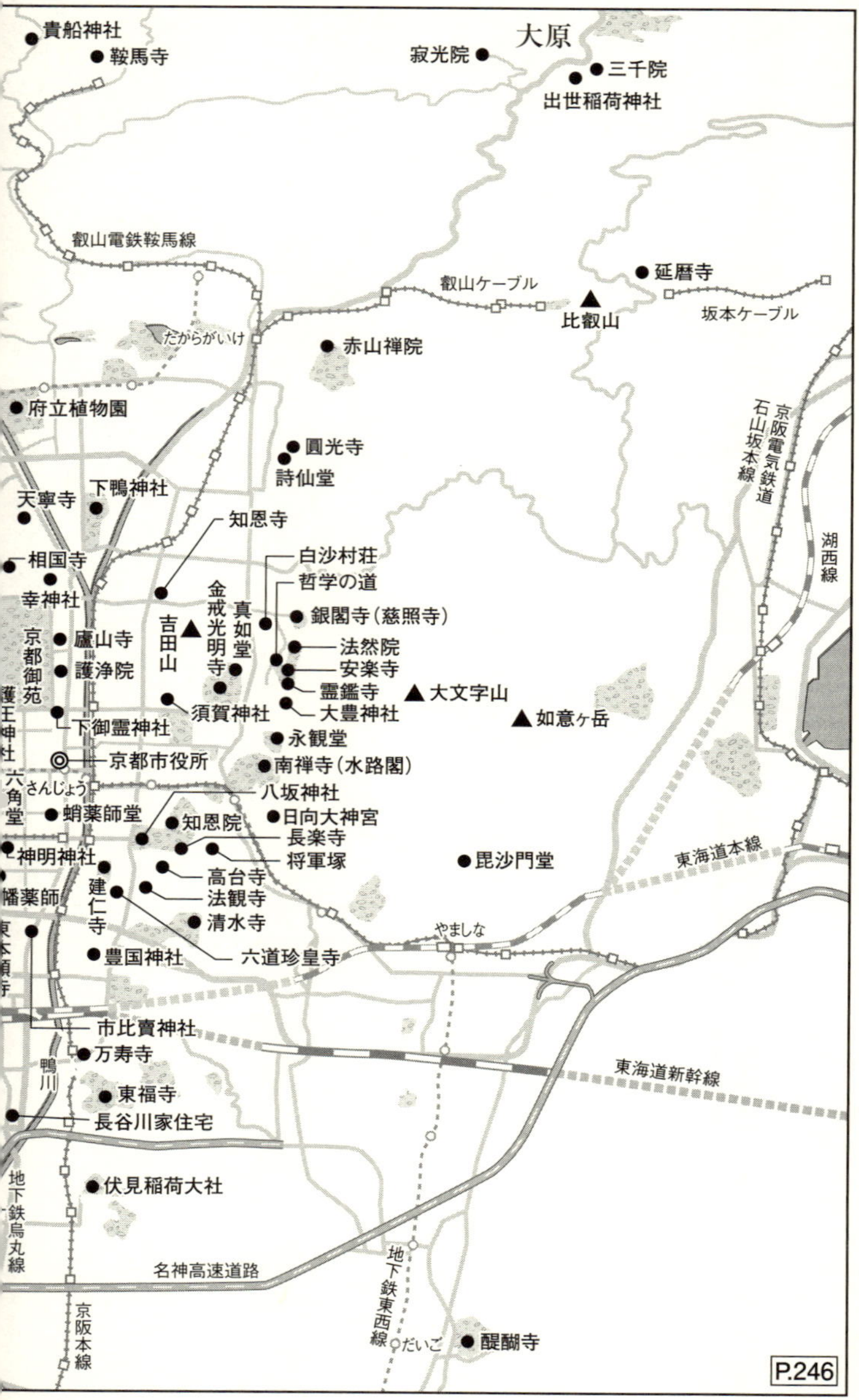
大原
貴船神社
鞍馬寺
寂光院
三千院
出世稲荷神社
叡山電鉄鞍馬線
延暦寺
叡山ケーブル
比叡山
坂本ケーブル
たからがいけ
赤山禅院
府立植物園
京阪電気鉄道石山坂本線
圓光寺
詩仙堂
下鴨神社
天寧寺
知恩寺
湖西線
白沙村荘
相国寺
哲学の道
幸神社
金戒光明寺
真如堂
銀閣寺（慈照寺）
吉田山
京都御苑
廬山寺
法然院
護浄院
安楽寺
霊鑑寺
大文字山
護王神社
須賀神社
大豊神社
如意ヶ岳
下御霊神社
永観堂
京都市役所
南禅寺（水路閣）
六角堂
さんじょう
八坂神社
蛸薬師堂
知恩院
日向大神宮
長楽寺
神明神社
将軍塚
毘沙門堂
東海道本線
高台寺
建仁寺
法観寺
清水寺
やましな
豊国神社
六道珍皇寺
市比賣神社
万寿寺
鴨川
東海道新幹線
東福寺
長谷川家住宅
伏見稲荷大社
地下鉄烏丸線
名神高速道路
地下鉄東西線
京阪本線
だいご
醍醐寺
P.246

50
清和天皇陵
水尾
トロッコ ほづきょう
ほづきょう
至トロッコ嵐山駅
桂川
山陰本線
嵯峨野観光線
常照寺
上賀茂神社
源光庵
今宮神社
大徳寺
船岡山
建勲神社
上品蓮台寺
金閣寺（鹿苑寺）
雨宝院
釘抜地蔵
龍安寺
平野神社
仁和寺
北野天満宮
千本釈迦堂
小倉山
大覚寺
野宮神社
妙心寺
トロッコあらしやま
さがあらしやま
山陰本線
二条城
広隆寺
京福電気鉄道嵐山本線
にじょう
天龍寺
嵐山
あらしやま
武信稲荷神社
松尾大社
輪違屋
嶋原大門
阪急嵐山線
六孫王神社
東寺
かつら
阪急京都線
桂川
P.247

鴨川
京阪本線
新柳馬場通
新堺町通
仁王門通
モリタ屋
辻留
さんじょう
ひがしやま
地下鉄東西線
三条通
さんじょうけいはん
花見小路通
神宮道
若松通
青蓮院門跡
古門前通
華頂道
新門前通
ますだ
竹香
鳥新
新橋通
知恩院道
知恩院
ぎおんしじょう
いもぼう
平野家本家
権兵衛
いづ重
四条通
仲源寺
八坂神社
円山公園
南座
鮨まつもと
東華菜館
十二段家
天壇 祇園本店
下河原通
祇園畑中
祇をん う桶や う
浜作
割烹 吉膳
新道通
東大路通
建仁寺
高台寺
圓徳院
(三面大黒天)
宮川町通
京都ゑびす神社
京都霊山護国神社
宮川町 さか
八坂通
建仁寺 祇園 丸山
法観寺(八坂の塔)
六道珍皇寺
松原通
六波羅飯店
産寧坂
六波羅蜜寺
清水坂
大和大路通
六波羅裏門通
P.248

宝町通
両替町通
東洞院通
高倉通
堺町通
柳馬場通
富小路通
麩屋町通
御幸町通
京都ホテルオークラ
きょうとしやくしょまえ
からすまおいけ
御池通
地下鉄東西線
俵屋旅館
寺町通
本能寺
姉小路通
点邑
烏丸通
三条通
ガーネッシュ
六角堂
六角通
地下鉄烏丸線
河原町通
蛸薬師通
蛸薬師堂
裏寺町通
錦小路通
錦天満宮
はちべー
近又
大丸京都
阪急京都線
四条通
からすま
かわらまち
京都タカシマヤ
神明神社
綾小路通
しじょう
からすま京都ホテル
仏光寺通
高辻通
鳥初鴨川
夕顔の石碑
因幡薬師
ますや
松原通
万寿寺通
ごじょう
五条通
きよみずごじょう

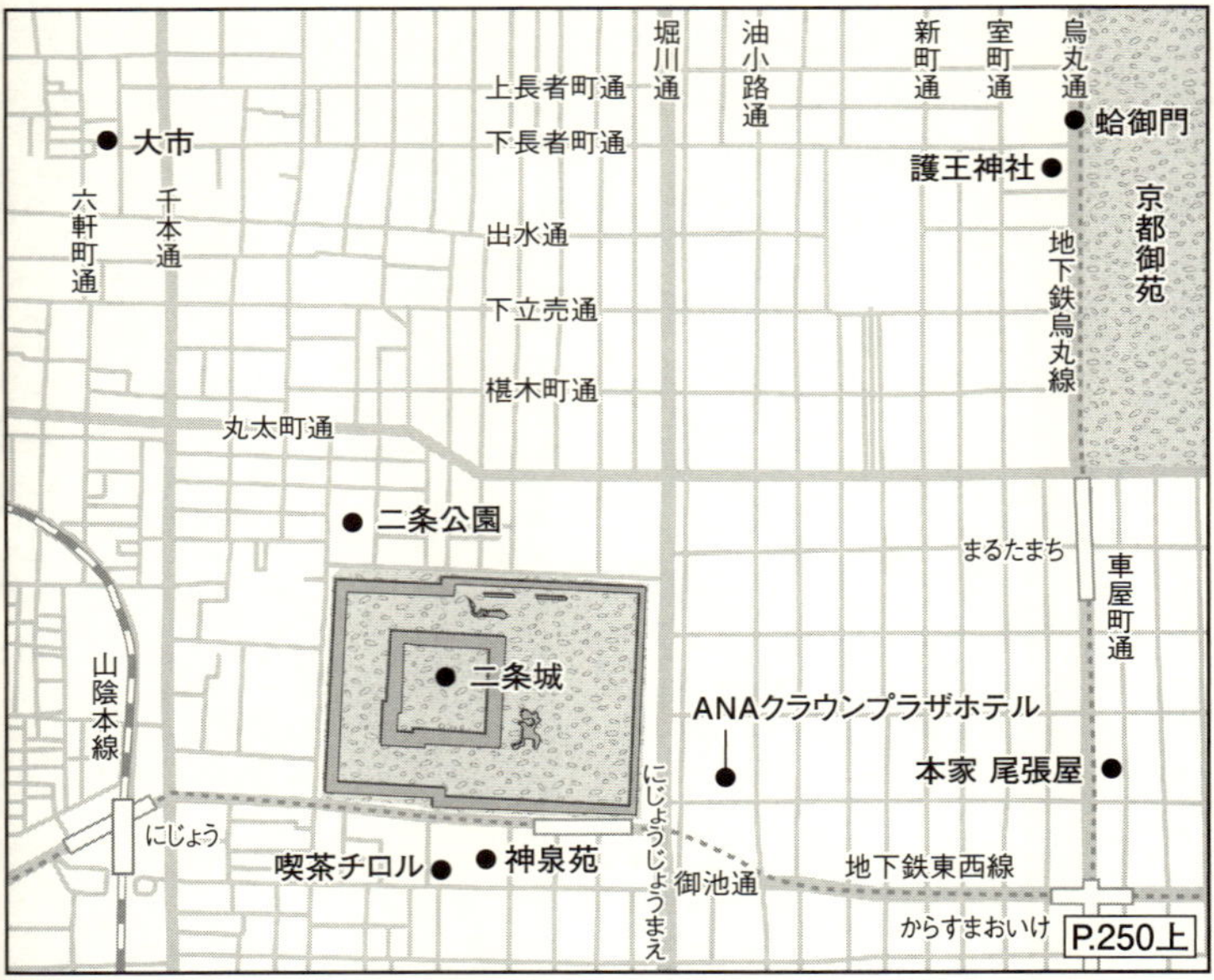
堀川通
油小路通
新町通
室町通
烏丸通
上長者町通
下長者町通
大市
蛤御門
護王神社
京都御苑
六軒町通
千本通
出水通
下立売通
地下鉄烏丸線
椹木町通
丸太町通
二条公園
まるたまち
車屋町通
山陰本線
二条城
ANAクラウンプラザホテル
本家 尾張屋
にじょう
にじょうじょうまえ
喫茶チロル
神泉苑
御池通
地下鉄東西線
からすまおいけ
P.250上

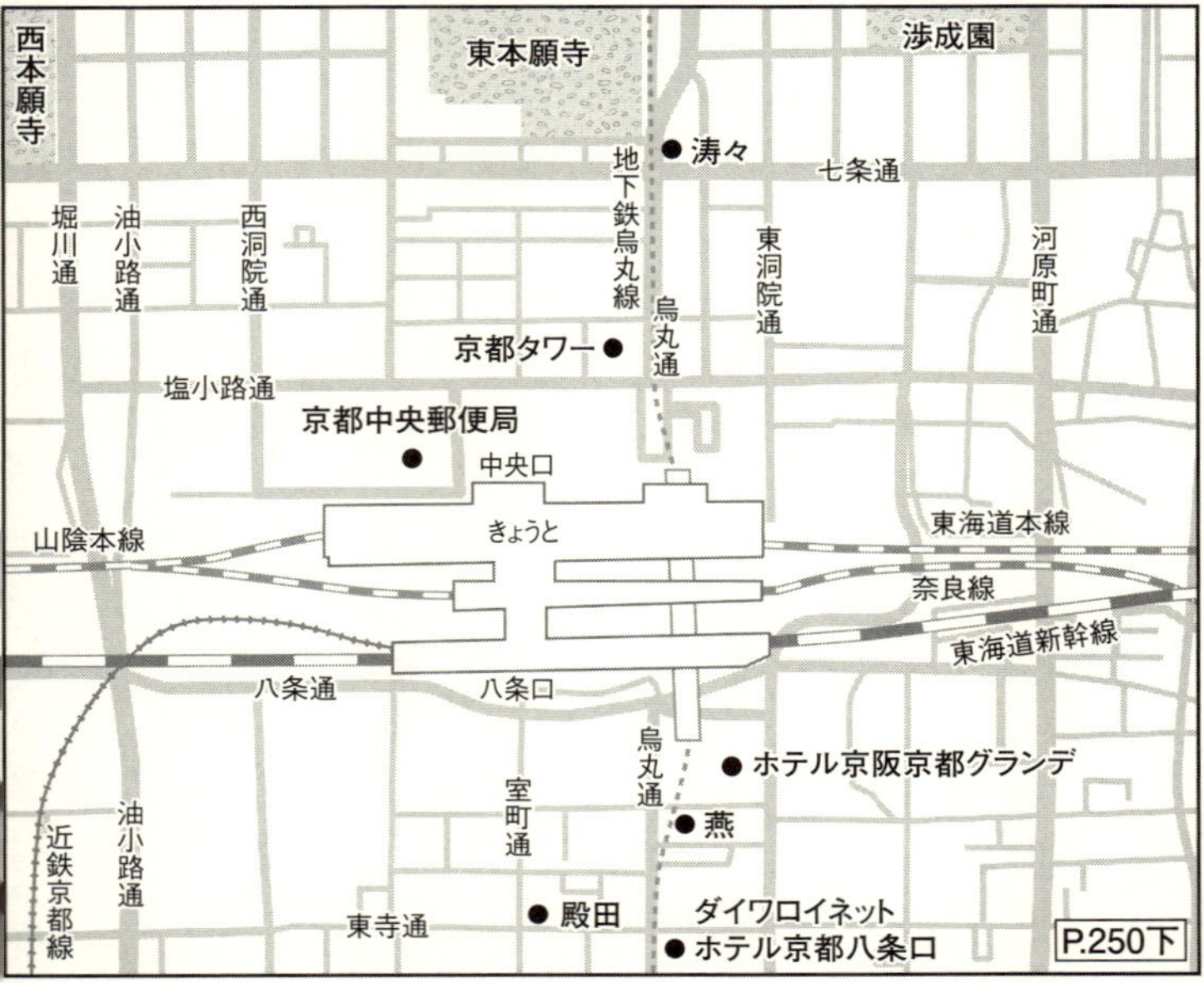
西本願寺
東本願寺
渉成園
涛々
地下鉄烏丸線
七条通
堀川通
油小路通
西洞院通
東洞院通
河原町通
烏丸通
京都タワー
塩小路通
京都中央郵便局
中央口
きょうと
山陰本線
東海道本線
奈良線
東海道新幹線
八条通
八条口
烏丸通
ホテル京阪京都グランデ
室町通
燕
油小路通
近鉄京都線
東寺通
殿田
ダイワロイネット
ホテル京都八条口
P.250下

上賀茂神社
(賀茂別雷神社)
神馬堂
御すぐき處
京都なり田
上賀茂御料理 秋山
宝が池公園
御薗橋
鞍馬街道
賀茂川
きたやま
まつがさき
北山通
北山大橋
京都府立植物園
きたおおじ
グリル はせがわ
北大路通
北大路橋
堀川通
紫明小学校
地下鉄烏丸線
下鴨本通
下鴨中通
下鴨西通
小野篁・
紫式部墓
紫明通
加茂みたらし茶屋
下鴨神社
(賀茂御祖神社)
叡山電鉄叡山本線
天寧寺
出雲路橋
くらまぐち
のらくろ
上御霊神社
下鴨東通
川端通
本法寺
寺町通
下鴨茶寮
烏丸通
山名宗全
邸宅跡
上立売通
相国寺
高野川
同志社大学
(クラーク記念館
アーモスト館)
幸神社
葵橋
でまちやなぎ
堀川通
いまでがわ
河原町通
今出川通
P.251
京都御苑
京阪鴨東線

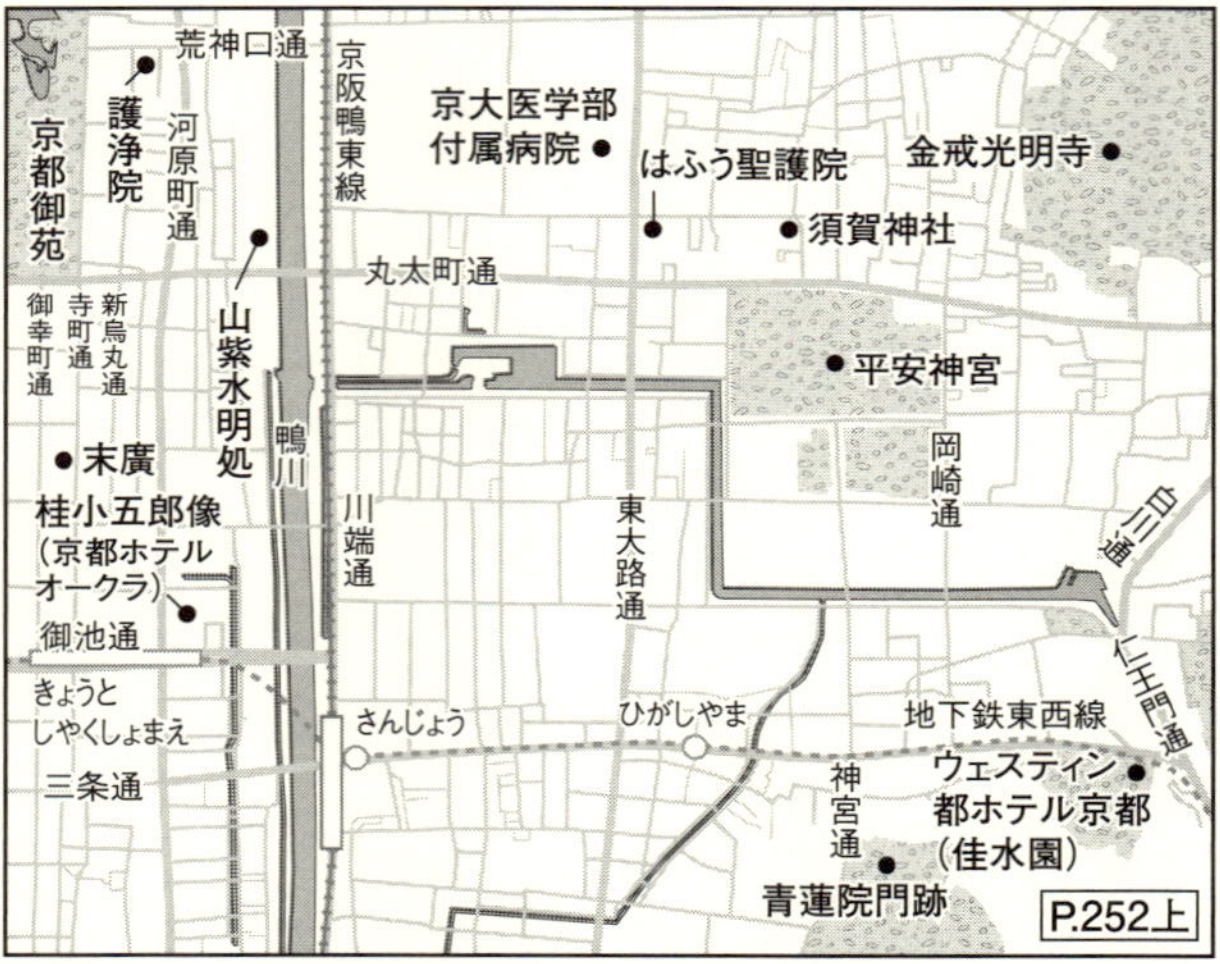
荒神口通
護浄院
京都御苑
河原町通
京阪鴨東線
京大医学部付属病院
はふう聖護院
金戒光明寺
須賀神社
丸太町通
御幸町通
寺町通
新烏丸通
山紫水明処
平安神宮
鴨川
末廣
岡崎通
桂小五郎像（京都ホテルオークラ）
川端通
東大路通
白川通
御池通
仁王門通
きょうとしやくしょまえ
さんじょう
ひがしやま
地下鉄東西線
三条通
神宮通
ウェスティン都ホテル京都（佳水園）
青蓮院門跡
P.252上

山陰本線
さがあらしやま
トロッコあらしやま
野宮神社
京福電気鉄道嵐山本線
竹林の小径
あらしやま
嵯峨野観光線
天龍寺
らんでんさが
天龍寺 篩月
渡月橋
桂川
あらしやま
阪急嵐山線
P.252下

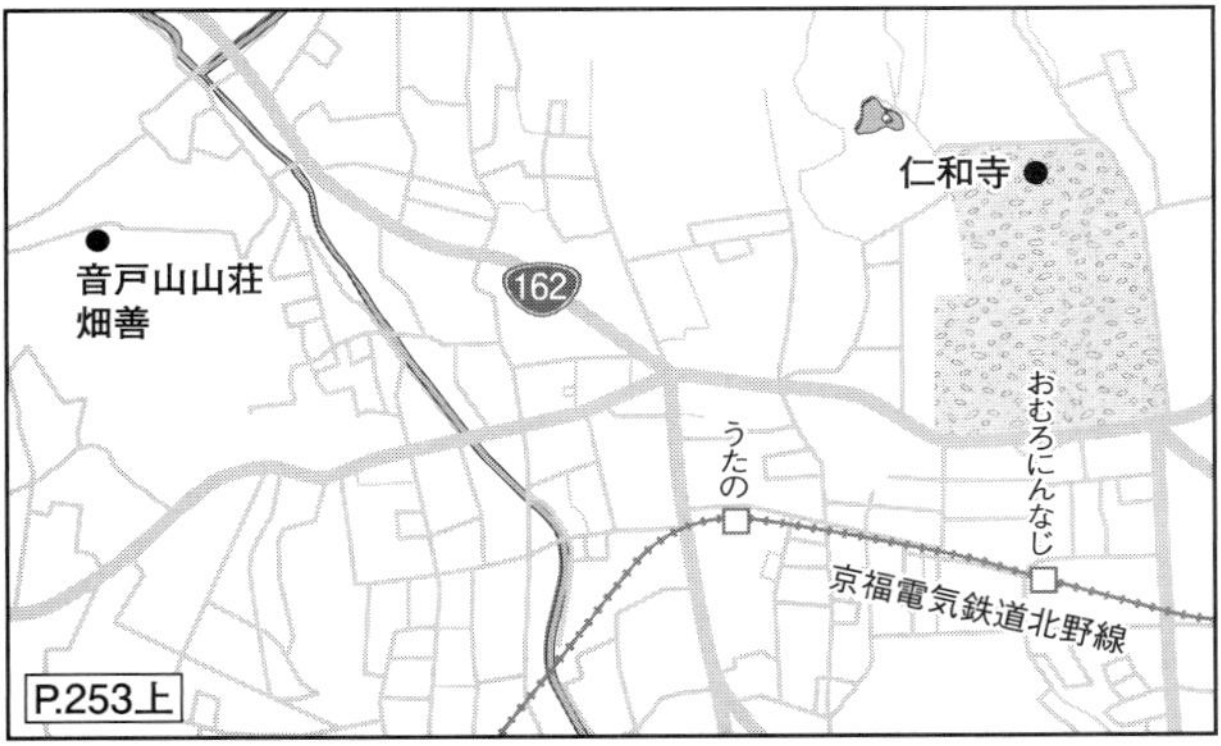
仁和寺
音戸山山荘
畑善
162
うたの
おむろにんなじ
京福電気鉄道北野線
P.253上

松乃鰻寮
叡山電鉄鞍馬線
きの
106
P.253中

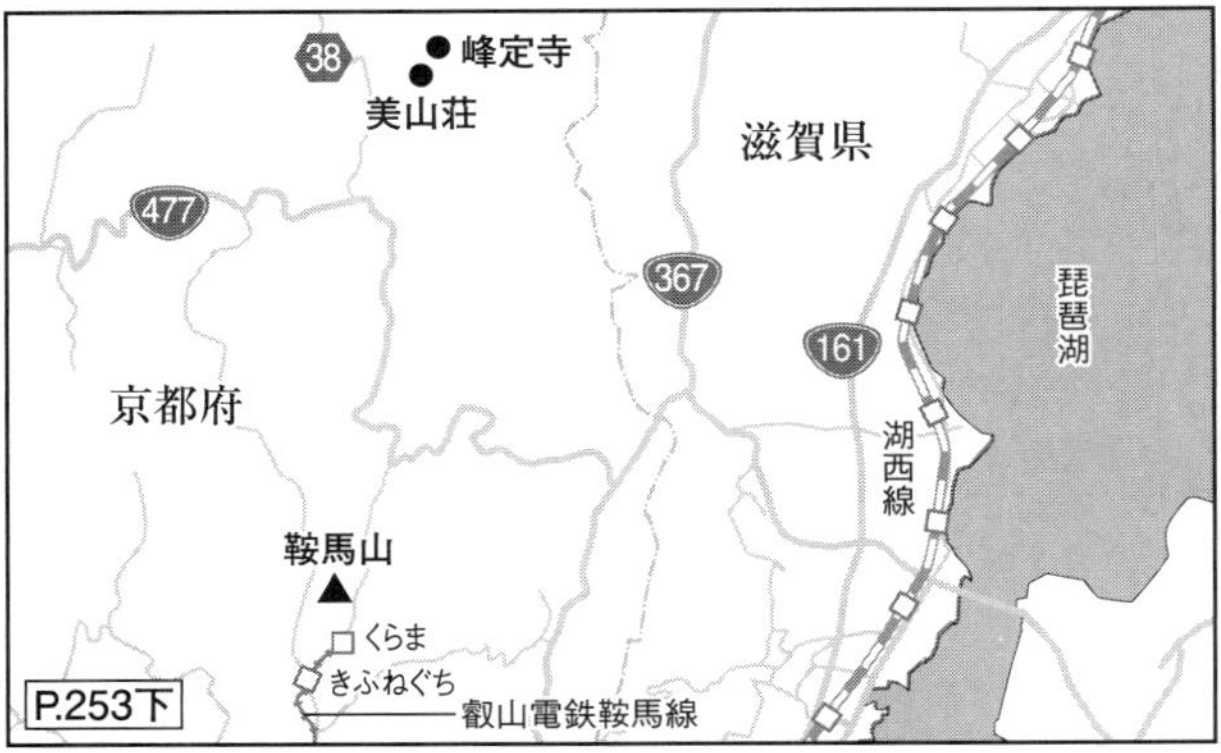
38
峰定寺
美山荘
滋賀県
477
367
161
琵琶湖
京都府
湖西線
鞍馬山
くらま
きふねぐち
叡山電鉄鞍馬線
P.253下

7.「ホテル・アゴーラ大阪守口」（京阪守口市駅から徒歩約1分）

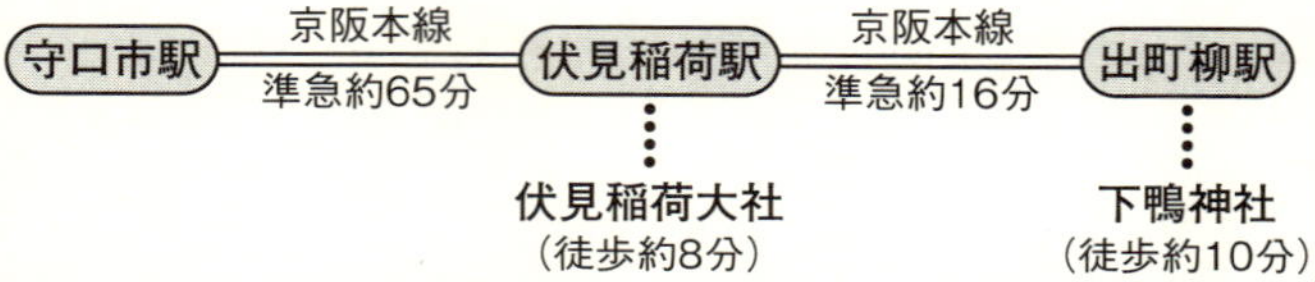

8.「琵琶湖ホテル」
（京阪浜大津駅徒歩5分／JR大津駅からシャトルバスで約5分）

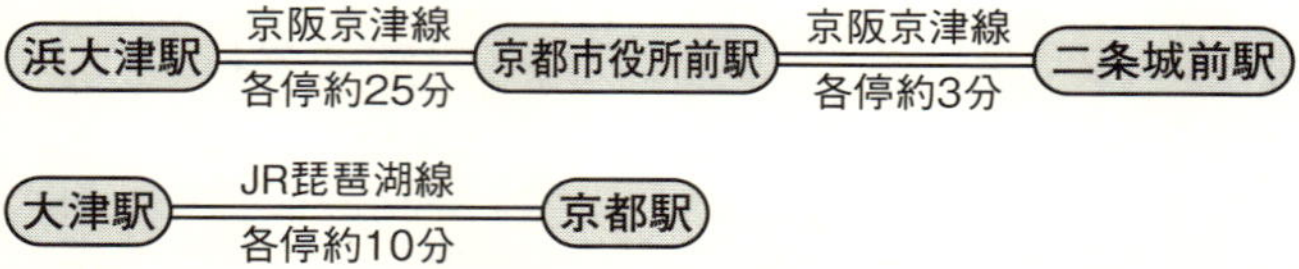

9.「ホテルボストンプラザ草津びわ湖」（JR草津駅前）

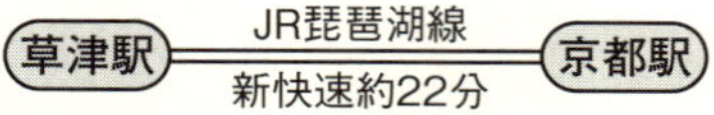

10.「シーサイドホテル舞子ビラ神戸」（JR舞子駅徒歩約7分）

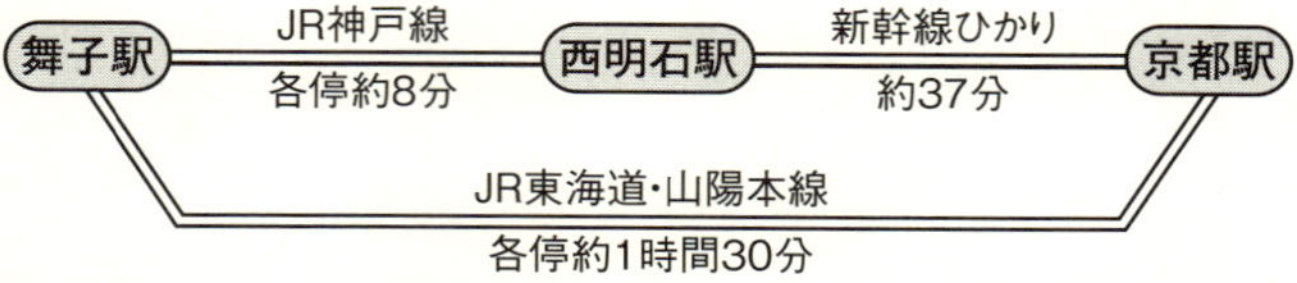

11.「ホテル・アゴーラ リージェンシー堺」（南海本線堺駅直結）

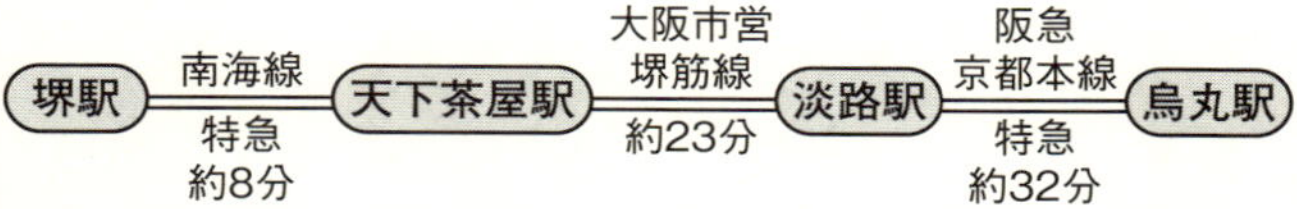

P.254

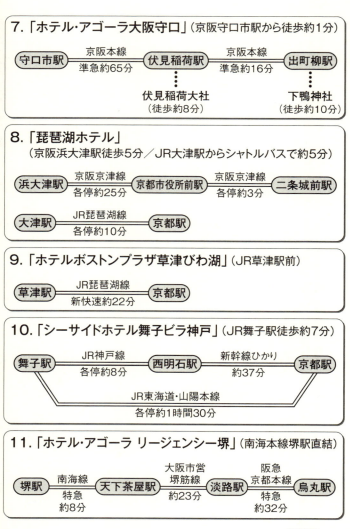

柏井　壽 かしわい・ひさし
1952年、京都市生まれ。大阪歯科大学卒業後、京都市北区に歯科医院を開業。生粋の京都人で生来の旅好きであることから、京都および日本各地の旅行記・エッセイを執筆。また、小説『鴨川食堂』（小学館）シリーズがベストセラーになるなど、作家としても活躍。主な著書に『ゆるり 京都おひとり歩き』（光文社新書）など多数。

朝日新書
611

できる人の「京都《きょうと》」術《じゅつ》

2017年4月30日第1刷発行

著者　柏井　壽

発行者　友澤和子
カバーデザイン　アンスガー・フォルマー　田嶋佳子
印刷所　凸版印刷株式会社
発行所　朝日新聞出版
〒104-8011　東京都中央区築地5-3-2
電話　03-5541-8832（編集）
　　　03-5540-7793（販売）

Published in Japan by Asahi Shimbun Publications Inc.
ISBN 978-4-02-273711-3
定価はカバーに表示してあります。

落丁・乱丁の場合は弊社業務部（電話03-5540-7800）へご連絡ください。
送料弊社負担にてお取り替えいたします。

朝日新書

できる人の「京都」術

柏井壽

今も昔も、権力者や成功者は京都が好き。本書は歯科医で、ベストセラー『鴨川食堂』を書く小説家、京都のカリスマ案内人としての顔をもつ柏井壽さんの「できる人」になるための京都本。「違いのわかる人」が行く場所、選ぶ店を徹底紹介。

友達以上、不倫未満

秋山謙一郎

浮気でなく本気、しかし決して男女の関係は持たない──そんな大人のプラトニック・ラブな婚外関係〈セカンド・パートナー〉の実態を徹底取材。「いびつだけど現実」な数々の赤裸々なケースが、男女間の愛と嫉妬の原理もあぶりだす問題作！

「超」実用的 文章レトリック入門

加藤 明

うまい、面白い文章を書く人が駆使している「レトリック」。比喩、列挙法、省略法など、「レトリック」を交ぜるだけで、たちまち「説得力が増す」「臨場感が出る」「印象に残りやすい」文章に。元雑誌編集長が、読み手の共感を呼ぶ書き方を伝授。

理想を現実にする力

佐藤天彦

羽生善治氏を破った20代の名人はいかにしてその勝利を掴んだのか？ そこには理想をイメージする圧倒的な思いの強さ、それを現実化する緻密な思考力があった。将棋ファンからビジネス、人生設計……あらゆるシーンで自分を押し上げる新世代の発想法とは。